매일 실천하는 마음챙김 365

매일 실천하는
마음챙김
365

애덤 고든 지음
권영교 옮김

스트레스에서 벗어나는
데일리 루틴

동글디자인

✱
차례

서문 8

아침 시간
건강하게 일어나기 16
하루를 시작하기 21
아침 식사 28
앞을 내다보는 자세 32
일하러 가는 길 38

스트레스와 감정 다스리기
마음 돌보기 46
어려움 극복하기 54
돌파구 63
새로운 시각 69
부정적인 마음 다스리기 76
쉬어 가기 84
여행 속 스트레스 91

긍정적 변화

긍정적인 생각 100
차이를 만드는 변화 107
시간과 돈 114
인생의 목표를 향한 변화 120

마음과 영혼

명상과 심상 129
정신적인 것 138
소망, 기도, 그리고 의식 145
자아와 세상 151
수용하는 태도 157
소박한 생활 163
스스로를 사랑하기 172

건강한 신체

휴식의 손길 183
내 몸 돌보기 191
올바른 자세 199
손쉬운 운동 205
먹고 마시기 212
몸의 지혜 225

평화로운 집

빛과 그늘, 그리고 색채 235
구석구석 관리하기 244
긍정 에너지 254
쾌적한 집 261
자연 268
이웃 274

일과 쉼

나만의 공간 282
일 잘하기 286
나와 직장 동료들 294
부담감 내려놓기 301

관계와 소통

베풂과 나눔 310
사랑과 공감 317
책임과 존중 324
불화 331
소통 337
만남 346

창의성과 놀이

예술 355
놀이 시간 363
창작 활동 369
야외 활동 375

저녁 시간

하루의 마무리 385
반성과 앞날 390
수면 395

서문

우리의 세상을 아름답고 다채롭게 만들기 위해 여러 유형의 사람들이 필요한 것처럼, 우리의 존재 그리고 인생의 각 영역에 있어 쉼과 회복을 창출하려면 다양한 형태의 휴식 방법이 필요합니다.

처음 이 책의 내용을 구상하기 시작했을 때는 일상의 스트레스를 해소할 수 있는 방법에 관해 고민을 했습니다. 그리고 매일 아주 잠깐의 시간을 들여 나 자신을 돌아보는 것이 스트레스와 싸워 이기는 방법이 될 수 있다는 것을 깨달았습니다. 또한 시간과 장소, 깊이에 있어 이 모든 방법이 각기 다르다는 것도 알게 되었습니다. 일상의 신체적, 정신적 스트레스로부터 벗어나기 위한 잠깐의 휴식과 깨달음을 얻은 자들이 추구하는 수년이 소요되는 깊이 있는 정신적 휴식에는 큰 차이가 있다는 것입니다. 또한, 심한 스트레스 증상을 완화하는 휴식과 마음속 깊이 느끼는 정서적 불안감을 해소하는 휴식 사이에도 매우 큰 차이가 존재합니다.

이 책에 건강과 관련된 다양한 팁과 방법을 담아내기 위해 자료를 수집하고 정리하면서 깊은 고민을 했습니다. 어떻게 하면 우리의 생각과 행동에서 일어난 변화로 불안을 해소시킬 수 있을까를 말이죠. 이 조그마한 책이 우리의 특별한 친구가 될 수 있는 것은 우리 삶의 모든 순간을 위한 치료, 해방, 수련 등을 포함하고 있기 때문이라고 생각합니다. 집이나 직장에서 이른 아침부터 늦은 저녁까지, 타인과의 관계에서부터 우리 자신과의 관계에 이르기까지 실천해 볼 수 있는 수백 가지의 아이디어를 발견하게 될 것입니다.

스트레스에 관해 이해하고 연구하며 많은 이들을 돕기 위해 힘쓰는 동안 왓킨스 출판사는 모든 이들이 서로 다른 시간에 각기 다른 요구를 가지고 있다는 사실을 깨달았습니다. 이 책을 통해 신체의 긴장을 다루는 방법부터 슬픔과 죄의식, 불안한 정서를 다루는 방법, 부정적인 사고방식을 바꿀 수 있는 방법, 영혼의 가장 심오한 차원으로 이끄는 명상법들을 발견하게 될 것입니다. 당연한 사실이지만, 가장 자연스럽고 영속적인 평화는 영혼의 가장 깊은 곳에서 발견할 수 있습니다.

이 자그마한 책을 활용할 수 있는 방법은 많습니다. 필요한 부분을 골라 읽거나 가장 적합해 보이는 건강법을 실천해 보고, 미래의 나를 위해 메모를 남길 수도 있습니다. 생각처럼 잘 풀리지 않는 생활의 한 영역에 초점을 맞출 수도 있고, 변화에 도움이 되는 특별한 방법을 발견하기 위해 이 책의 내용을 연구할 수도 있을 것입니다. 아니면 각각의 내용을 조금씩 실천해 보면서 뜻밖의 기쁨을 발견해 스스로에게 매일 휴식을 주는 새로운 방법을 실천할 수도 있습니다. 가까운 친구에게 선물을 하는 것으로 즐거움과 휴식을 얻을 수도 있겠죠. 선물을 하면서 그 친구에게 가장 도움이 될 만한 내용 세 가지를 메모해 두는 것은 어떨까요? 그 어떤 조언보다 힘이 될지도 모릅니다.

단순해 보인다고 해서 쉽게 여기지는 마세요. 소소해 보이는 행동들이 때로는 커다란 보상을 가져다준다는 것을 알면 놀라게 될 겁니다. 궁극적인 '존재'가 '행동'보다 먼저라는 이 책의 핵심을 절대 놓치지 마세요. 사실 우리가 하는 모든 일은 우리의 존재에 영향을 주지만, 이보다 중요한 것은 우리가 자신의 존재 상태를 만드는 법을 배우고 마음속의 평화를 유지하는 것입니다. 다른 사람들과의 관계에서 사랑을 불러일으키고 주변의 모든 사람에게 행복을 전달하는 방법을 배울 때, 그 어느 때보다 큰 휴식과 즐거움을 누릴 수 있을 겁니다.

우리는 늘 긴박하고 격동적인 삶을 살아가고 있습니다. 하지만 의지만 있다면 고된 삶을 더욱 힘들게 하는 것만은 피할 수 있습니다. 위기 상황에서도 평온함을 잃지 않고 혼돈의 한가운데서도 냉철함을 유지하며, 주변의 모든 상황이 부정적인 생각으로 이어질 때도 긍정에 집중하는 사람이 될 수 있죠. 그리고 이런 사람이 세상을 가장 행복하게 살아갈 수 있습니다.

긴장을 풀고 평온함을 유지하는 스트레스 해소법을 통해 주위 사람들에게 긍정적인 영향을 퍼뜨릴 수 있습니다. 또한 다른 사람들이 인생의 교향곡과 조화를 이루도록 도울 수 있죠. 인생을 낙관적인 시각으로 바라봄으로써 단 1초 만에 누군가의 하루를 환히 밝힐 수 있는 것입니다! 바깥세상을 향해 긍정적인 에너지를 발산하고 이를 통해 이 세상의 일원으로서 기여하는 것. 이 책으로 단순히 내면의 평온함을 유지하는 일 이상을 해낼 수 있습니다.

아침 시간

001~005	건강하게 일어나기
006~012	하루를 시작하기
013~016	아침 식사
017~022	앞을 내다보는 자세
023~028	일하러 가는 길

001

아침에 자연스럽게 일어나도록 노력하세요. 가능하면 일주일에 한 번 이상은 알람 시계에 의존하지 말고 일어나세요. 이런 기상 습관은 생체 리듬이 다시 원활히 이어지도록 도와줄 거예요. 한 시간 일찍 잠에 든다고 해서 반드시 한 시간 빠르게 일어나는 것은 아니라는 것을 기억하세요. 좀처럼 잠이 오지 않는다고 걱정하면서 깨어 있는 상태로 누워 있는 자신을 발견할지 몰라요. 본인이 저녁형 인간이라는 사실을 알게 되었다면, 그 흐름에 순응하면서 필요에 따라 주말에 하루는 실컷 늦잠을 자도록 하세요. 만일 아침형 인간이라면 적당한 시간이라고 판단할 때 침대에서 뛰쳐나오세요. 아침을 먹기 전에 가치 있는 명상 시간을 즐길 여유가 생기게 될 거예요.

002

아침에 일어나 꿈을 되새겨 보세요. 간밤에 꾼 꿈의 기억이 생생하게 남아 있는 아침 시간을 놓치지 마세요. 우리는 꿈이 상징하는 진실이 무엇인지 확인할 길이 없죠. 무의식에 전화를 걸어 물어볼 수도 없으니까요. 하지만 꿈이 의미하는 바를 모험 정신의 자세로 탐구하기 시작한다면, 건설적인 통찰에 직감적으로 도달할 수 있을 거예요. 그리고 이러한 통찰은 한층 높은 수준의 자아 인식에 도달하는 계기가 되어 마음을 평온하게 만드는 시작이 될 수 있습니다.

003

"오늘은 한 사람에게만이라도 기쁨을 안겨 줄 방법을 생각하라." 19세기의 철학자 프리드리히 니체Friedrich Nietzsche가 남긴 말입니다. 회의적이고 불안한 철학 사상을 가지고 있던 그가 이렇게 희망을 주는 말을 했다는 사실이 매우 놀랍지 않나요?

004

 침실로 밀려드는 소란한 교향곡을 만끽하세요. 바깥의 차 소리와 새들의 노랫소리, 도로의 공사 소리, 이웃집 라디오에서 나오는 뉴스 소리를 즐기세요. 통제할 수 없는 소음들로 인해 스트레스 받지 말아요. 대신 이 모든 소리가 멋있고 자유분방한 콘서트이고, 영광스럽게도 공짜 티켓을 얻었다고 상상해 보세요. 의식적으로 경청하세요. 그리고 불협화음의 모든 순간들을 향유하세요.

매일 아침 일어나 모든 오감을 총동원하세요. 눈이 부신 햇빛과 새들의 지저귀는 소리, 깨끗한 수건의 뽀송뽀송하고 부드러운 느낌, 신선한 과일주스의 달콤한 맛, 갓 구운 토스트의 향기 등등. 모든 감각을 하나하나 확인하고 나면 뇌의 신호들이 밀려드는 것을 느낄 수 있을 거예요.

006

창문을 활짝 열어젖혀 방 안의 신선한 공기와 함께 하루를 시작하세요. 그리고 간밤에 편안하게 휴식을 취한 당신의 영혼 위로 자리 잡았던 근심들을 날려 보내세요. 밤에 창문을 조금 열어 두었을지라도 이렇게 아침 시간을 활용해 공기를 자유롭게 순환시켜 보아요. 날씨가 그다지 좋지 않더라도 망설이지 마세요. 영혼을 상쾌하게 만드는 데는 빗줄기와 눈송이도 빛나는 햇빛만큼 좋은 약이니까요.

007

　1분 동안 두 눈을 감고 마치 눈이 보이지 않는다고 상상해 보세요. 그다음, 눈을 뜨고 온 세계가 감각 안으로 밀려들게 하세요. 이제 더 높은 차원의 감각을 활짝 열어 세상의 모든 아름다움이 가져다주는 강렬한 경험을 상상해 보세요. 잠시 눈이 보이지 않는다는 상상 뒤에 더 깊은 감사를 느낄 수 있을 거예요. 그리고 이러한 감사를 유지하기 위해 노력하다 보면 1분 동안의 암흑이 가져다준 효과가 서서히 희미해지는 것을 느낄 수 있을 거예요.

008

    침대에서 나오자마자 호흡에 집중하세요. 숨을 들이쉬며 가슴을 고정한 채로 복부를 밀어내세요. 마치 몸 안에서 풍선을 부는 것처럼요. 자, 이제 숨을 내쉬면서 양어깨를 떨어뜨리고 마치 스펀지에서 물을 짜듯이 공기를 짜낸다고 상상해 보세요. 이렇게 10번 반복해 보세요. 새로운 하루의 에너지가 당신의 신체로 흡수되는 것을 느낄 수 있을 거예요.

거미가 집을 짓는 모습을 관찰해 봐요. 거미집을 만다라mandala라고 생각하는 건 어때요? 고대 인도의 산스크리트어로 '중심', '원'을 의미하는 만다라는 명상에 활용되기도 하는 그림을 뜻합니다. 거미가 집을 점차 완성해 가는 과정을 보면서 그 정교한 모양에 집중해 보세요. 복잡하고도 아름다운 이중적인 감각을 느낄 수 있을 거예요.

010

 아침을 먹기 전, 일어나지 않을 6가지 일들을 상상해 보세요. 『이상한 나라의 앨리스』의 하얀 여왕이 눈앞에 나타나는 것처럼 말이에요. 이런 상상은 뜻밖의 일들을 기대하게 만들고, 모든 것을 평온하게 받아들일 수 있는 마음가짐을 지니게 할 거예요. 엉뚱한 상상을 해 보는 것은 어떨까요? 시간을 잘못 다룬 죄로 모든 시계공들이 체포되는 나라에 떨어졌다거나 아무런 조건 없이 주변 사람들을 사랑할 수 있는 무인도의 외톨이가 되었다고 말이에요.

011

　샤워를 하며 노래를 불러 보세요. 노래를 흥얼거리는 것은 마음속의 행복에서 비롯되며, 진정한 본성을 상기시킬 거예요. 신체와 정신, 영혼 간의 조화를 축하하는 일이기도 하죠. 노래를 부르며 그 떨림이 심장부터 온몸, 방 안까지 널리 퍼지게 만들어 보세요. 살아 있다는 것은 기분 좋은 일이에요!

012

밝은 색의 셔츠를 입고 하루를 색칠하세요. 당신의 멋진 모습은 주변 사람들과 환경을 한층 생기 있게 만들 거예요. 색깔은 저마다 상징적인 의미가 있죠. 자신의 기분 혹은 그날의 목표와 잘 어울리는 색을 선택해 보세요. 빨간색은 용기 혹은 열정, 노란색은 햇빛과 낙천주의, 파란색은 솔직함과 차분함, 그리고 정신적 평화를 상징해요. 튀는 의상을 입을 수 없는 자리라면 밝은 색상의 넥타이나 목걸이로 포인트를 주는 것도 좋아요. 말릴 사람은 아무도 없으니까요.

013

아침 식사로 스무디를 마셔요. 착즙해서 마시기보다는 믹서기로 부드럽게 으깨어 걸쭉하게 만들면 좋아요. 스무디는 주스보다 포만감이 크고 더 천천히 소화됩니다. 식이섬유도 더욱 풍부해 영양분의 흡수 속도를 늦추고 장의 활성화를 돕는답니다.

014

 아침에 일어나 커피는 한 잔만 마시도록 해요. 커피 마시는 습관을 완전히 고칠 수 없다면 말이죠. 커피를 과도하게 섭취하면 부신(콩팥 위에 있는 내분비 기관)이 지나치게 자극되어 쉽게 화를 내거나 불안감을 느낄 수 있어요. 이뇨제 역할을 하기 때문에 탈수 현상을 일으킬 수도 있죠. 치커리차나 민들레차 같은 카페인이 없는 음료를 대신 마셔 보세요. 파는 곳을 찾을 수 없다면 재료를 이용해 나만의 음료를 만들어 보는 것도 좋아요. 재료들의 뿌리나 씨를 완전히 건조해 로스팅하고 분쇄하여 커피 가루처럼 끓여 먹는 것도 좋은 방법이에요.

015

아침 식사는 거르지 마세요. 아침은 왕처럼, 점심은 서민처럼, 저녁은 거지처럼 먹으라는 말이 있습니다. 푸짐한 양의 아침 식사는 신진대사를 원활하게 하여 신체의 시동을 거는 것 같은 효과가 있어요. 자는 동안 쓰인 에너지를 채우는 동시에 하루를 준비해요.

016

아침으로 오트밀을 즐겨 보세요. 훌륭한 에너지원인 오트밀은 겨울철 아침 식사로 아주 좋아요. 비타민 B가 풍부해 심신을 안정시키는 데 도움을 줍니다. 여름에는 오트밀 대신 그래놀라나 뮤즐리를 만들어 보세요. 뮤즐리는 스위스의 비르허 Bircher라는 영양학 박사가 스위스 산지에 있는 자신의 병원에서 환자들을 위해 개발한 고영양의 음식입니다. 귀리 한 줌을 물이나 무가당 과일주스에 하룻밤 담가 두면 소화가 더욱 쉽답니다. 불린 귀리에 사과 하나를 갈아 넣거나 각종 말린 과일, 견과류, 요구르트, 연유를 섞어도 좋아요.

017

어제의 실수는 잊어버리세요. 오늘은 새로운 하루입니다. 수면을 통해 재충전된 마음으로 어제의 불운과 잘못된 판단을 웃어넘겨요. 과거의 실수에서 배운 것들을 목록으로 작성해 보는 것은 어떤가요? 앞을 향해 나아갈 수 있는 디딤돌이 될 거예요.

018

　밤사이 도둑이 들어와 과거의 모든 기억과 습관들을 가지고 달아났다고 상상해 보세요. 모든 것을 되돌릴 수 있는 마법의 주문이 있다는 것도요. 지금 받아들이지 않겠다고 선택한 것들로부터 자유로워질 수 있을 거예요. 오늘은 어떤 일이 일어나더라도 과거의 무의식에서 벗어나 이성적이고 자유로운 선택을 할 수 있을 겁니다. 자신이 원하는 사람이 된다는 것이 어떤 기분일지 잠시 생각해 보세요.

019

 오늘 하루는 행복하기로 해요. 무슨 일이 있든, 누가 어떤 일을 저지르든 마음에 두지 말아요. 이 모든 게 당신에게 달려 있답니다. 행복은 자신을 깨닫는 진정한 길이며, 그 원천은 우리의 내면에 존재해요. 행복하기로 마음먹는 일은 긍정을 가져오는 것은 물론 자아를 충족시킬 수 있는 행동이죠.

020

　　매일 아침 다짐을 한 후 자신에게 스무 번 되뇌세요. "나는…"으로 시작하는 다짐은 단순하고 강력하게 긍정적인 자부심과 자신감을 불어넣을 거예요. "나는 평화롭다" 혹은 "나는 의지할 수 있는 사람이다"처럼 말이에요. 이러한 다짐은 우리의 본질적인 가치를 상기시킴으로써 부정적인 메시지의 악영향을 방지하는 역할을 한답니다. 자신이 원하는 것뿐만 아니라 이미 인지하고 있는 것들을 모두 포함하세요. 만약 자신의 강점을 모른다면 친구에게 부탁해 물어보세요. 그리고 이것들을 다짐에 활용해 보세요. 특히 중요한 일들을 앞두고 있는 시기에 구체적인 다짐들로 마음을 다잡으면 좋아요.

021

　　오늘 하루 동안 일어날 수 있는 모든 힘든 일에 대비하는 계획을 세워 보세요. 어떤 것들이 필요한가요? 업무에 필요한 관심과 집중, 대인 관계에 필요한 재치와 사고 능력, 작은 실수는 받아들일 수 있는 자세를 준비해 보세요. 갑작스럽게 발휘할 수 있는 능력보다 더 많은 것들이 필요할 수도 있지 않을까요? 만약 그렇다고 생각된다면 하루를 시작하기에 앞서 마음을 가라앉히고 명상을 통해 내 안의 가장 깊은 곳에서 필요한 자질들을 꺼내 보세요.

022

하루를 시작하기 전, 스스로에게 메시지를 남기세요. 회사에 출발하기 전 휴대폰에 메모를 하거나 음성 메시지를 남기는 것도 좋아요. 때로는 귀중한 깨달음을 자신에게 상기시키는 내용일 수도 있고, 앞날을 위한 다짐이 될 수도 있죠. 가라앉은 아침의 분위기를 띄울 수 있는 농담도 좋아요. 다른 사람에게도 메시지를 보내 보세요. 지금 당장 자신의 일을 즐기지 못하는 친구나 가족이 될 수도 있죠. 회사에 도착하자마자 긍정적인 메시지를 통해 힘을 얻을 수 있을 거예요.

023

출근길을 색다르게 바꾸어 보세요. 독서나 음악 감상, 명상을 통해 시간을 가치 있게 보내는 것도 좋아요. 대중교통을 이용해 출근한다면 앉아서 가기 위해 집에서 좀 더 일찍 나와야 할 수도 있을 거예요.

024

멋진 길을 알고 있다면, 그 길을 걸어서 출근해 보세요. 조금 돌아가더라도 좋아요. 걷기 운동은 몸에 좋으니까요.

025

두 눈을 감고 출근하는 사람들이 여행을 즐기는 모임의 일원이라고 생각해 보세요. 당신을 둘러싼 사람들의 온기를 느껴 봐요. 커다란 기쁨이 느껴질지도 몰라요.

026

복잡한 지하철 안에서 정어리에 관한 명상을 해 보세요. 낯선 사람들에게 둘러싸인 모습을 작은 통조림 속에 함께 포장된 정어리들의 모습이라고 생각해 봐요. 주변의 사람들에게 적대감을 품는 대신 같은 처지에 놓인 입장이라고 위로해요. 어쩌면 다른 사람들에게 동료애를 느낄지도 몰라요.

027

나보다 힘들어 보이는 누군가에게 자리를 양보해 보세요. 작은 친절을 베푸는 것이 스스로를 얼마나 기분 좋게 만드는지 깨닫는다면 아마 놀라게 될 거예요.

028

회사로 걸어가는 동안 온정신을 집중해 보세요. 주변에서 무슨 일이 일어나고 있는지 관심을 가져 봐요. 유익하고 새로운 사실을 발견할지도 몰라요. 주변에 새로 문을 연 카페나 가게는 없는지 둘러보는 것도 좋아요. 언젠가 그곳에서 친구를 만나거나 업무 미팅을 할 수도 있으니까요.

스트레스와 감정 다스리기

029~036	마음 돌보기		
037~045	어려움 극복하기	052~058	새로운 시각
046~051	돌파구	059~066	부정적인 마음 다스리기
		067~073	쉬어 가기
		074~080	여행 속 스트레스

029

파란 거품이 몸을 감싸며 퍼져 나가는 모습을 상상해 보세요. 파란색은 보호 또는 평온함을 나타냅니다. 파란 거품에 둘러싸인 모습을 떠올리는 것은 우리의 에너지가 주변 사람들에 의해 빠져나가는 것을 막아 줍니다. 사람들로 인해 스트레스 받을 때 특히 유용할 거예요. 아니면 당신의 주위를 보호하는 원이 있다고 마음속으로 그려 보는 것은 어때요? 바닥에 원 하나를 상상한 다음, 보이지는 않지만 당신을 보호하는 투명한 벽이 그 원으로부터 올라온다고 생각해 보세요. 이제 그 무엇도 당신을 쉽게 건드릴 수 없을 거예요.

030

 7/11 호흡법을 해 보세요. 불안정한 정신에서 비롯되는 얕은 호흡에서 벗어날 수 있습니다. 천천히 7까지 세면서 진정하고 숨을 들이쉬어요. 그런 다음, 11까지 세면서 숨을 내쉬세요. 이렇게 들이쉬고 내쉬기를 반복하면 호흡이 한층 안정되는 것을 느낄 수 있을 거예요. 불안과 긴장이 사라지는 게 느껴지나요?

031

 손안에 돌을 넣고 힘껏 쥐어 보세요. 그다음, 주먹의 힘을 점차 풀어 보세요. 돌멩이와 화해하는 것처럼 부드럽게 흔들어 봐요. 스트레스를 받거나 화가 난다고 느낄 때마다 부정적인 감정들이 빠져나가도록 이 방법을 해 보세요.

032

조건 반사를 활용해 봐요. 러시아의 과학자 이반 파블로프Ivan Pavlov는 신체가 특정 자극을 느낄 때마다 그에 따라 반응하도록 훈련될 수 있다는 사실을 발견했어요. 스트레스를 느끼는 순간마다 내면의 평온함을 이끌어 내는 거예요. 우선, 파블로프의 원리를 직접 경험해 보는 것이 필요해요. 편안함과 행복을 느낄 때마다 기쁨을 느꼈던 인생의 어느 한 사건을 회상하면서 동시에 귓불을 꼬집어 보세요. 이런 행동을 자주 하게 되면, 무의식적으로 귓불 꼬집기를 긴장 이완과 연관시키게 될 거예요. 이는 스트레스가 가져오는 신체 증상들과 싸워 이기는 방법으로 당신을 무장시킬 수 있어요. 귓불을 꼬집을 때마다 당신의 두뇌는 훈련을 기억해 내고, 스트레스 지수는 내려가게 된답니다.

033

풍선으로 스트레스를 날려 보내세요. 모든 근심과 걱정을 열기구에 매달린 바구니 안에 싣는다고 상상해 봐요. 풍선을 고정했던 밧줄들을 풀고 기구가 올라가는 모습을 마음의 눈으로 바라보세요. 구름 속으로 사라지는 풍선과 함께 모든 문제도 저 멀리 떠나가게 될 거예요.

034

　　부정적인 감정을 내쉬고 긍정적인 감정을 들이쉬세요. 호흡에 특별한 상상을 더하는 거예요. 편안하게 자리에 앉아 신체를 이완시켜 보세요. 이제, 호흡에 집중하세요. 숨을 내쉴 때 분노 따위의 부정적인 감정들을 콧구멍으로 흘려 보내는 상상을 해 보세요. 숨을 들이쉴 때는 공감 같은 긍정적인 감정이 폐 속으로 끌려 들어가 혈관을 타고 이동하며, 신체의 모든 부분으로 전달된다고 상상해요. 5분 동안 분노를 내쉬고 공감을 들이쉬는 호흡을 해 봐요.

035

어떤 일을 하기 위해 애쓰지만 말고 지금 그 자리에 앉았다 가세요! 감정이 고조되고 마주한 문제들이 극복할 수 없는 것처럼 느껴질 때, 혹은 자신의 직관이 명확한 방향을 제시하지 못한다고 느낄 때 가장 좋은 접근법이에요. 몇 분 동안 조용히 앉은 채로 기운을 내보세요. 몸과 마음에게 휴식을 허락하는 거예요.

036

　사랑하는 사람의 얼굴에 깃든 미소를 떠올려 보세요. 어려운 일을 헤쳐 나갈 힘을 줄 거예요. 만약 그들의 얼굴을 떠올리기 어렵다는 사실을 깨닫는다면, 사진을 가지고 다녀야겠다고 생각할 수도 있어요. 그리고 당신의 얼굴에도 미소를 띠어 보답하세요. 사랑하는 사람의 얼굴에 미소가 활짝 퍼져 가는 모습을 볼 수 있을 거예요.

037

　일단 한 발자국이라도 내디뎌 보세요. 다음에 무엇을 할 것인지 고심하면서 너무 긴 시간을 낭비한다면 앞으로 나아갈 수 없을 거예요. 일단 행동에 옮기면, 긍정적인 혹은 부정적인 피드백을 통해 문제 해결의 열쇠를 찾을 수 있습니다. 피드백이 없는 것 또한 하나의 피드백이라는 사실을 기억해 두세요. 필요하다면 앞날을 위해 이 정보들을 활용할 수도 있죠.

038

어려운 선택을 마주할 때마다 어린 시절의 나라면 어떻게 했을지 생각해 보세요. 그때의 우리는 더욱 직관적으로 대상을 판단할 수 있었죠. 나이가 들수록 타고난 지혜가 여러 경험과 상황에 억압된다고 느끼는 사람이 많을 거예요. 어린 시절의 자신과 대화를 하면 잃어버린 직관력을 되찾는 동시에 진정한 자아의 선택을 따라갈 수 있어요.

039

 클래식 소설을 읽어 보세요. 마땅한 해결책에 도달하지 못한 채 하나의 문제를 집요하게 분석하고 있다면, 방향의 전환이 필요할 때입니다. 그리고 여기에는 클래식 소설이 아주 유용하죠. 클래식 소설이 지닌 직선적인 서술 구조는 순환적인 사고를 한층 혁신적으로 바꿀 수 있으며, 문제를 헤치고 해결책으로 향할 수 있도록 아무도 모르게 당신을 도울 거예요.

040

산책을 하며 문제를 해결해 보세요. 라틴 속담 중에 "걸으면 해결된다 Solvitur ambulando"는 말이 있습니다. 30분 동안 산책을 함으로써 당신의 발걸음이 만들어 내는 리듬으로 스스로를 진정시켜 보세요. 밝고 행복한 생각들은 표면으로 떠오르고, 힘든 생각들은 줄어들게 될 거예요.

041

일상적인 일이나 반복적인 일을 해 보세요. 요리나 청소, 운전이나 뜨개질처럼 말이에요. 특히 반복적인 사고 패턴의 통제를 느슨하게 만드는 데 도움을 받을 수 있어요. 이런 활동들은 좌뇌를 활동하게 하기 때문에 우뇌가 자유롭게 창조적인 사고를 추구할 수 있도록 만듭니다.

042

가만히 있어 보세요. 즉시 해결되어야 하는 문제가 아니라면 잠시 조용하게 있어 보는 것도 도움이 될 수 있어요. 수첩에 그 문제를 적은 다음, 시간이 지난 후에 다시 생각해 보세요. 그때까지는 그 문제를 제쳐 두고 다른 일들을 해 보는 거예요. 일주일 정도가 지나면 어려운 문제가 저절로 해결되거나 맑아진 정신으로 새로운 돌파구를 발견하게 될지도 몰라요.

043

걱정거리들을 쭉 적어 보세요. 단순히 적는 것만으로도 걱정거리에 대한 집착을 줄일 수 있습니다. 넓은 시야로 문제를 바라봄으로써 자연스럽게 다른 일들을 생각할 수도 있어요. 만약 그 걱정거리들을 그냥 내버려 둘 수 없다면, 휴식 시간을 가져 보세요. 방해받을 걱정이 없는 편안한 장소를 찾아 걱정거리들을 기록해요. 일어날지도 모르는 최악의 상황은 어떤 것인가요? 가장 최선의 결과는 뭘까요? 할 수 있는 최선의 조치를 통해 최악의 결과가 발생할 가능성을 줄여 보세요.

044

모든 일을 하루 만에 해결하려고 애쓰지 마세요. 초저녁 무렵에 해결하지 못한 중요한 일의 목록을 만든 다음, 그것들에 신경 쓰지 말고 남은 하루를 마음껏 즐기세요. 신선한 에너지가 충만한 다음 날 아침이라면 어려운 일들이 훨씬 더 잘 풀릴 거예요.

045

어떤 행동의 옳고 그름을 결정해야 한다면, 직감에 충실하세요. 만약 당신의 논리가 직감을 압도한다고 느낀다면, 두 눈을 감고 상상해 봐요. 당신 내면의 가장 깊은 곳에서 가장 좋은 해결책이 빛나는 공의 모습을 하고 떠오르며 진리로 가득 채우는 모습을 말이에요.

046

 탁자 위에 자물쇠로 잠긴 상자 한 개가 있다고 상상해 보세요. 유일한 열쇠는 당신이 가지고 있어요. 상자 속에는 현재의 문제를 해결할 수 있는 물건이 들어 있죠. 두 눈을 감고 그 문제를 떠올려 보세요. 그다음, 상자를 직접 여는 자신의 모습을 그려 봐요. 안에 무엇이 들어 있나요? 그 물건은 어떤 실마리를 제공하나요?

047

    불가능해 보이는 상황을 마주했다면, 나무가 우거진 정글을 지나는 장면을 상상하세요. 길을 발견할 수 있다는 확신뿐만 아니라 당신 자신과 당신의 능력에 대한 믿음을 강화할 거예요. 도저히 뚫고 지나갈 수 없는 덤불로 둘러싸인 곳에 당신이 앉아 있고, 주위에는 온통 동물들의 울음소리가 울려 퍼진다고 생각해 보세요. 당신이 앉은 자리 뒤편으로 하나의 길이 열리는 모습을 떠올려 봐요. 자리에서 일어나 뒤를 돌아보는 순간, 상상했던 것처럼 하나의 길이 보일 거예요. 앞을 향해 나아가면 동물들이 내는 시끄러운 소리는 뒤편으로 멀어져 갑니다. 나무들은 미소를 지으며 당신의 용기를 축하할 거예요.

048

터널 끝에 있는 빛을 상상해 보세요. 이러한 명상은 수많은 문제로 도저히 견디기 힘들다는 느낌이 들 때에도 더 좋은 일이 일어날 거라는 희망을 줍니다. 두 눈을 감고 완전한 어둠 속에 있는 상상을 해 보세요. 잠깐의 시간이 흐르면 저 멀리 빛이 비치는 장소를 그려 보세요. 그곳을 향해 걸어가는 동안 그 장소는 점차 커지고, 마침내 터널의 윤곽이 보이기 시작할 거예요. 찬란한 햇빛이 밀려들고 터널의 바닥과 벽이 모습을 드러내요. 입구 저편으로 푸르른 풍경을 볼 수 있죠. 터널을 나와 햇빛 속에서 피부 위로 쏟아지는 온기를 느껴 보세요. 다시 한번 터널에서 벗어나 현실로 돌아온 자신을 느끼며 평화로운 감각을 누려 봐요.

049

　문제와 해결책을 연결하는 다리를 건너보세요. 강을 따라 난 길 위에 문제가 자리 잡고 있는 모습을 떠올려 보세요. 이제 강을 건너 다른 편에 도달할 수 있는 다리를 놓아요. 다리에는 5개의 기둥이 있고, 이들은 각각 당신이 가지고 있는 자질을 나타냅니다. 그 자질들을 한번 살펴보고, 다리를 건너는 모습을 떠올려 봐요. 다른 편에 도착하면 무언가를 발견하게 될 거예요. 해결책이죠. 그것은 무엇을 닮았나요? 과연 어떤 의미가 있을까요?

050

'3의 법칙'을 떠올리세요. 우리가 하는 모든 일에 있어 더욱 완벽해질 수 있는 한 가지 방법은 행동을 세 단계로 나누는 것이에요. 만약 당신이 누군가를 용서하고 싶다면, 용서하려는 진심 어린 소망이 있을 거예요. 용서하는 행위 그 자체와 마무리 단계도 있겠죠. 한 가지 사안을 체계적으로 다루고 싶다면 이 세 단계의 접근법을 시도해 보세요.

051

적응을 통해 공포에서 벗어나 보세요. 두려워하는 대상이나 상황에 일부러 노출시키며 점차 그 강도를 높이는 방법도 있습니다. 현재의 수준에서 편안함을 느낄 때에만 다음 단계로 넘어갈 수 있어요. 만약 당신에게 거미 공포증이 있다면, 처음에는 거미의 사진을 바라보는 것으로 시작하세요. 이 단계가 괜찮아진다면 거미의 모형을 관찰해 보고, 다음으로는 진짜 거미를 조금 멀리 떨어져 바라보세요. 거미가 점점 가까이 다가오더라도 예전처럼 무섭지 않을 거예요.

052

보다 넓은 관점을 가지고 문제를 바라보세요. UFO를 타고 지구 궤도를 돈다고 상상하는 것도 좋아요. 인공위성이 당신이 원하는 모든 지역의 이미지들을 계기판 화면에 방송해 줄 거예요. 직장인들이 뉴욕 거리를 마치 개미 떼처럼 물결치며 걸어가고 고기잡이배들은 아이슬란드 해안을 출발하며, 돌고래들은 대서양에서 장난스럽게 헤엄을 쳐요. 야생의 기러기들이 무리를 지어 아프리카 사막 평지를 가로지르며 날아가는 모습도 볼 수 있어요. 살아 있는 것들의 움직임을 가까이 살펴보면 각각의 생명 모두가 세상에 필요한 존재라는 사실을 알게 될 거예요. 당신의 문제들을 이렇게 커다란 맥락에서 생각해 봐요. 문제들이 훨씬 작아 보이거나 견디기 쉽다고 여겨지지 않나요?

053

최악의 상황을 상상하지 마세요. 일어날지도 모르는 일을 준비한다는 핑계로 최악의 시나리오에 얽매이지 마세요. 불필요한 불안감만 증폭시킬 뿐이에요. 우리가 예상하는 것처럼 나쁘게 흘러가는 일은 좀처럼 드물답니다. 여러 상황에 합리적인 대비를 하는 것은 좋지만 미래의 재난을 상상하는 공포심에 사로잡히지 않도록 조심해요.

054

걱정거리를 하나하나 떨어뜨려 바라보세요. 걱정들이 하나로 뭉쳐지면 매우 크게 느껴지죠. 인생 전체가 큰 문젯거리처럼 보일지도 몰라요. 걱정거리들을 하나씩 분리하다 보면 각각의 문제들을 개별적으로 다룰 수 있어요. 때로는 걱정들이 작아 보일 수도 있고, 문제를 이해하고 해결하기 쉬워질 수도 있습니다.

055

기억들을 되살려 보세요. 계속해서 나를 괴롭히는 과거의 모든 기억을 되돌아봐요. 무슨 일이 일어났는지 나의 관점에서 떠올리는 거예요. 사건의 사실과 당신의 해석을 분리하려고 노력하세요. 이 일을 더욱 긍정적으로 바라볼 수 있는 방법이 있지는 않나요? 긍정적인 각도로 이야기를 다시 바라보면 감정적인 시각에서 벗어난 자신을 발견하게 될지도 몰라요.

056

　일 년 후의 내 모습을 상상해 보세요. 현재의 감정들이 그때가 되면 어떻게 느껴질까요? 이는 분노를 다스리는 데 특히 좋은 방법이에요. 질투심이나 억울함 같은 감정에도 효과가 있죠. 우리가 생각하는 것처럼 모든 문제가 변치 않고 오래가는 경우는 그다지 없다는 사실을 기억하세요.

057

어떤 일에 관해 할 수 없는 이유보다 할 수 있는 이유를 생각해 보세요. 태도의 변화가 필요하죠. 일단 부정적인 논리에서 벗어나게 되면 긍정적인 접근법이 자라날 수 있는 공간을 확보하게 될 거예요.

058

긍정적으로 바라보세요. 한 심리학 연구 결과에 따르면, 낙관주의자들은 특유의 '생각 방식'을 가지고 있다고 해요. 그들은 자신에게 일어나는 긍정적인 일들은 자신의 능력 덕으로 돌리고, 부정적인 일들은 불운으로 일어났다고 해석하는 경향이 있어요. 이는 자긍심과 마음의 평화를 불러오고, 힘든 일을 헤쳐 나갈 수 있는 능력과 뛰어난 회복력을 줄 거예요.

059

자신의 부정적인 성향을 받아들이세요. 원하는 대로 되지 않는 자신에게 불만을 품고 부정적인 감정 상태를 더욱 심화시키지는 않나요? 이는 기분을 더 나쁘게 만들 뿐이에요. 긍정적인 마음 상태로 억지로 끼워 맞추기 위해 애쓰는 대신, 시간적 여유를 가지고 당신이 느끼고 있는 그대로를 인정하세요. 자신의 감정을 밀어내려 하지 말고 내부의 감정들과 공존할 수 있는 중립적인 장소를 찾아봐요. 당신의 감정에 애정을 가지고 수용하는 태도는 해독제가 되어 고통을 완화시킬 거예요.

060

자신의 감정에 책임을 지도록 해요. 자신의 감정을 다른 사람의 탓으로 돌리고 비난하는 것은 피해 의식으로 이어지기 마련입니다. 주변 세상에 어떤 방식으로 반응할지는 우리의 선택에 달려 있다는 점을 기억하세요. 이를 간과한다면 개인의 선택과 힘을 포기하는 것과 마찬가지입니다.

061

걱정의 동물을 풀어 주세요. 걱정은 때때로 원숭이처럼 당신의 마음을 요리조리 뛰어다니면서 삶을 불안으로 가득 채울 거예요. 때로는 코끼리처럼 바로 앞에 버티고 서서 미래를 불투명하게 만드는 거대한 걸림돌이 되기도 하죠. 당신의 걱정을 잘 나타내는 동물을 발견한 다음, 우리의 문을 개방해 그 동물을 풀어 주세요. 걱정은 우리의 마음에 사로잡혀 있답니다. 그 동물이 걷고, 뛰고, 날고, 헤엄쳐 사라지는 모습을 지켜보세요.

062

걱정에 휩싸인 자신에게 편지를 써 보세요. 조언이나 위로를 해 줄 사람이 없더라도 괜찮아요. 내 안의 평화로운 목소리가 얼마나 큰 위로가 되는지 알면 놀라게 될 거예요.

063

내 안에 있는 비평가에 맞서세요. 대부분의 사람들은 마음속 깊은 곳에 자존감을 갉아먹고, 업적을 깎아내리며, 자신이 저지른 실수를 비웃는 비판적인 목소리를 갖고 있어요. 내면의 비평가가 질책 대상으로 삼는 모든 실수나 결점을 맞닥뜨릴 때마다 이를 압도할 수 있는 긍정적인 자질 두 가지를 생각해 봐요.

064

부정적인 생각들은 놓아주겠다고 다짐하세요. 부정적인 생각이 들 때마다 곧 사라질 것들이라고 생각하세요. 부정적인 생각을 했다는 사실을 받아들이고 멀리 사라지게 만드는 한편, 나의 부정적인 모습을 비난하지 않도록 조심하세요.

065

'해야 한다'라는 표현에 의문을 가지세요. 이런 표현은 일종의 압력을 행사해 행동에 영향을 미칩니다. 잠시 여유를 가지고 바라보세요. 자신의 행동이 통제받길 원하나요? 이와 마찬가지로, 다른 사람에게 '해야 한다'라는 표현을 사용한다면 미묘하게 통제하는 느낌을 줄 수 있습니다. 이 말을 입에 올리기 전에 대체할 만한 다른 표현이 없는지 찾아보세요.

066

'해야 한다'라는 의무감을 내려놓으세요. 의무감이 커지면 스스로의 의지는 약해지게 됩니다. 당신의 행동에 책임을 짐으로써 자유를 부여하세요. '해야 한다' 대신 '선택한다'로 바꾸어 보세요. 아무리 어려운 일이라도 언제나 선택권을 가지고 있다는 사실을 기억하세요. 이런 미묘한 태도의 변화가 선택에 관한 인식을 바꿀 수 있습니다.

067

　　대기실에서 휴식을 취하세요. 대부분의 방송국에는 '출연자 대기실'이라는 장소가 있습니다. 이곳은 연기자들이 무대 조명의 환한 빛을 벗어나 휴식을 취할 수 있는 조용한 방이죠. 만약 힘든 상황에 처했다면, 자신을 TV 무대 위에서 연기를 펼치는 배우라고 상상하세요. 스트레스가 견디기 힘들어질 때, 배우의 특권을 활용해 대기실로 향하세요. 이 조용하고 정신적인 공간에서 마음속의 온갖 생각들을 잠시나마 사라지게 만들 수 있어요. 마음의 평정을 다시 얻었다면, 무대로 돌아가 일을 시작하세요.

068

아이가 고른 이야기책을 읽어 주세요. 그 책이 묘하게 마음을 달래 주는 털북숭이 동물들의 이야기든 액션으로 가득한 모험담이든 상관없어요. 당신과 아이를 일상의 문제들에서 벗어나게 해 주는 또 다른 왕국으로 초대할 거예요. 부정적인 감정의 오래된 흔적들은 아이의 순수한 기쁨으로 얼마 지나지 않아 말끔히 씻길 거예요.

069

평화의 배를 떠올려 보세요. 하루 동안 휴가를 내어 부둣가에 와 있다고 상상하세요. 평화의 배가 당신을 태우기 위해 항구에 들어오고 있어요. 일단 배에 타면 다른 승객들의 얼굴에 다정한 미소가 번지는 모습은 물론, 배 위의 모든 곳에서 평화로운 분위기를 느낄 수 있을 거예요. 기적이 울리고 배는 항해를 떠나요. 여행에서 만날 수 있는 평화로운 장면들을 상상해 보세요.

070

　자연의 고요하고 평화로운 모습을 떠올리세요. 장관을 이루는 산속의 한 호수가 될 수도 있고, 따뜻한 열대 바람에 부드럽게 흔들리는 높이 솟은 야자수들이 될 수도 있어요. 당신에게 큰 의미가 있는 것이면 무엇이든 상관없어요. 그 장면에서 하나의 대상을 선택해 내면의 평온함이 방해받을 때마다 마음속으로 불러내세요. 평화로운 장면과 감정을 떠오르게 할 거예요.

071

　집과는 완전히 다른, '휴식'이라는 나라가 있다고 생각하세요. 그리고 그곳에 도착한 자신을 상상해 보세요. 비행기에서 내려 수도를 지나 호텔로 향하는 동안 어떤 풍경들을 보게 될까요? 어떻게 모든 이들이 한결같이 매사에 여유로울 수 있을까요? 어떤 태도나 습관을 들여야 이렇게 될 수 있을까요? 이제 집으로 돌아오세요. 새롭게 발견한 나라의 문화를 당신의 것으로 만드세요.

072

이국적인 곳으로 여행을 계획해 보세요. 실제로 그곳에 갈 필요는 없어요. 미지의 장소로 정신적 여행을 떠나는 것은 일상으로부터의 탈출이자 지루함을 벗어 던지게 만드는 초대이기도 해요. 당신이 고른 목적지를 자세히 떠올려 보세요. 여행을 상상해 보는 거예요. 그곳에 도착하면 어떤 풍경이 기다리고 있을까요? 당신이 걸어가는 길 주위에는 어떤 것들이 보일까요?

073

색다른 문화에 흠뻑 빠져 보세요. 일본의 결혼 축하 풍습이나 아메리카 원주민들의 주술에 관한 신비로운 내용의 책을 읽어 보는 것은 어떨까요?

074

중요한 서류는 복사해 두세요. 여행을 떠나기 전에 여권과 비행기표, 보험 정보, 여행자 수표 같은 것들을 복사해 가족과 친구들에게 맡겨 두세요. 필요한 서류를 분실하거나 도난당하더라도 여행을 무사히 이어 나갈 수 있을 거예요.

075

    원하는 목적지에 도착하면 현지 시각에 맞춰 잠자리에 드세요. 장거리 비행을 하다 보면 짧은 간격으로 여러 나라의 시간대를 거치는 일이 흔합니다. 이러한 환경과 탈수 현상을 일으키기 쉬운 비좁은 비행 환경이 만나 시차 증후군으로 이어질 수도 있어요. 극도의 피로감과 집중력 결여가 동반될 수도 있죠. 현지 시각에 빠르게 적응하기 위해 노력하면 심신을 지치게 만드는 것들을 막을 수 있어요. 참고로, 동쪽보다는 서쪽을 향해 비행하는 것이 이런 현상을 극복하는 데 더욱 수월하답니다.

076

비행기로 이동을 하는 동안 다리 운동을 하세요. 운동을 통해 심부정맥혈전증Deep Vein Thrombosis, DVT을 예방할 수 있습니다. 심부정맥혈전증은 신체 내부의 혈류 장애로 혈전이 생기는 질환을 말합니다. 기내에서는 자유롭게 움직일 수 없기 때문에, 다리 운동을 하며 혈액이 신체를 자유롭게 순환하도록 만드세요. 30분마다 번갈아 가며 발목을 풀고 다리 근육을 20번씩 주무르세요. 1시간마다 자리에서 일어나 스트레칭하는 것도 좋아요.

077

생각의 전환을 통해 지루함을 내쫓으세요. 내 마음대로 할 수 있는 시간은 일종의 사치이죠. 당신의 상상을 펼쳐 볼 기회라 생각하고 두 팔 벌려 환영하는 거예요.

078

시간의 영웅이 되세요. 여행하는 동안 비행기가 지연됐다면, 이 시간을 내면의 힘을 기를 수 있는 기회로 여기세요. 그 기다림은 별 어려움 없이 이겨 낼 수 있는 것이기도 해요. 앉아 있거나 서 있는 모든 기다림의 순간마다 키가 점점 자라난다고 생각해 보세요. 흘러가는 귀중한 시간을 즐기세요. 지루함의 극복을 홀로 자축하는 것도 좋습니다.

079

　　교통 신호를 기다리면서 어깨를 움직여 보세요. 양어깨를 위쪽으로, 뒤쪽으로, 아래쪽으로 둥글게 연속해 움직이면 목과 어깨의 긴장을 줄일 수 있어요. 이를 10번 반복해 보세요. 마찬가지로 운전을 하는 동안 턱을 움직여 봐요. 정면을 바라보면서 턱을 끌어당겨요. 머리 받침대를 향해 머리를 밀면 이중턱 모양이 될 거예요. 이는 목의 긴장을 줄이고 앞으로 구부러진 자세를 방지하는 데 도움이 됩니다.

080

다른 운전자들을 대하는 태도를 바꾸어 보세요. 앞차에 바짝 붙어 상대방을 조급하게 만드는 편인가요? 혹은 지나치게 경쟁심이 강한 편인가요? 어떤 방법으로든 다른 차들을 추월하려고 하지 않나요? 만일 그렇다면 숨을 깊게 들이쉰 다음, 여행에 있어 가장 중요한 것을 떠올리세요. 스스로나 다른 사람들을 위험에 빠뜨리지 않으면서 목적지에 도착하는 것 말이에요.

긍정적 변화

| 081~087 | 긍정적인 생각 |

| 088~094 | 차이를 만드는 변화 |

| 095~100 | 시간과 돈 |

| 101~107 | 인생의 목표를 향한 변화 |

081

변화의 'ABCD'를 연습하세요. A는 변화의 필요성을 얼마나 중요하게 느끼는지에 대한 '의식Awareness'입니다. B는 변화할 수 있는 능력에 대한 '믿음Belief'이에요. C는 변화하려는 생각에 관한 '전념Commitment', D는 변화의 계획을 이어 나가려는 '자발성Willingness'이랍니다.

082

　당신의 선택들을 되새겨 보세요. 우리는 가끔 살아가며 수많은 선택을 한다는 사실을 잊고는 합니다. 삶의 방향이나 생각, 반응, 심지어 우리가 만들어 내는 느낌도 선택할 수 있죠. 우리가 무엇을 하는지, 어떤 이유로 하는지에 대한 의식을 함양하는 것은 선택의 폭을 넓힘으로써 또 다른 경험을 할 수 있는 자유를 안겨 줍니다.

083

　　인생을 목적지가 아닌 여정으로 바라보세요. 미래의 목표를 위한 끊임없는 몰두, 즉 '목적지를 향한 열망'은 우리를 시간에 쫓기게 만들어 불안과 조바심을 초래합니다. 이와 반대로 현재를 향한 열린 마음은 우리가 마주하는 인생의 우여곡절에서 기쁨과 깨달음을 선물할 거예요.

084

할 수 없다거나 하지 않는다는 부정적인 말을 조심하세요. 이런 말들은 내뱉는 것만으로 예언처럼 되어 버리는 경향이 있습니다. 마찬가지로, '내일 시작할 거야'처럼 습관적으로 미루는 말이나 '생각해 둔 거 있어?' 등의 떠넘기는 말은 하지 마세요. 읽고 쓰는 말은 생각을 반영합니다. 우리가 사용하는 표현을 정확히 인지하고 말하는 내용을 변화시킬 수 있다면 궁극적으로는 생각과 행동도 변하게 될 거예요.

085

 '마치 그런 것처럼' 행동하세요. 우리의 마음은 사소한 것에도 아주 쉽게 영향을 받는답니다. 마치 스트레스에서 자유로운 것처럼 평화롭고 행복하게 행동한다면, 실제로 그렇게 되어 가고 있다는 것을 깨달을지도 몰라요.

086

　　스위치를 켜세요. 가끔은 별다른 이유 없이 기분이 가라앉기도 하죠. 그럴 때는 자기 자신에게 먼저 손 내미는 것을 잊은 채 도움을 구하는 작은 목소리를 내기도 합니다. 만일 당신이 이런 상태라는 것을 알아챘다면, 어두운 방 안에 있다고 상상해 보세요. 그 방은 당신의 삶이고, 어두움은 당신이 가진 우울한 기분이에요. 이제 손을 뻗어 스위치를 켜세요. 놀랍게도 활기찬 기분을 느끼게 해 주는 것들로 가득한 방을 보게 될 거예요. 보이는 모든 것들을 종이에 적거나 그려 보세요. 이 종이를 들고 다니며 언제나 따뜻한 기분을 느낄 수 있어요.

087

지난해의 선물을 감상하세요. 새해의 결심이 다음 해의 계획을 세우는 데는 도움을 주지만, 한편으로는 과거의 실패와 결점들을 내포할 수 있어요. 새해를 긍정적으로 시작하고 싶다면 이제 막 끝이 난 한 해의 가치를 발견하는 일도 중요합니다. 가장 멋있고 도전적이었던 경험들을 되돌아보고, 각각의 경험마다 세 가지의 긍정적인 성과를 생각해 다음 해로 이어지게 만드세요. 우연히 깨달은 교훈이나 멋진 인연, 혹은 새롭게 발견한 나만의 장점이 될 수도 있습니다.

088

당신이 하는 일에 만족감을 느끼려면 가치관과 목표를 일치시키세요. 둘 사이의 격차는 과도한 긴장감이나 무력감을 만들어 냅니다. 높은 수준의 가치관과 공허한 목표가 만나면 동기 부여가 어려울 수 있어요. 낮은 수준의 가치관과 야심 찬 목표가 만나면 성취에 대한 진정한 만족감이 떨어지죠. 가치관과 목표 중 어느 것이 더 긍정적인지 스스로에게 물어보세요. 조정을 통해 둘의 사이를 긴밀히 연결하고, 내면의 조화를 이루도록 해요.

089

크고 작은 것들을 바라보세요. 당신이 많은 관심을 기울이는 것들을 떠올려 보세요. 그 가운데 인생의 큰 비중을 차지하는 것은 무엇인가요? 이제 소홀히 대했던 것들을 곰곰이 생각해 보세요. 크고 작은 것들을 떠올리다 보면 에너지를 효과적으로 재분배할 수 있는 동기를 얻게 될 거예요.

090

　　소소하지만 내가 잘 할 수 있는 일을 찾아보세요. 시간과 돈이 많이 필요한 것이 아니라도 괜찮습니다. 컬러링북을 칠하거나 복잡한 퀴즈를 풀어 보는 것도 잘하는 일이 될 수 있어요. 재능을 보이는 일일수록 즐길 수 있고, 이를 통해 자신감을 키워 나갈 수 있습니다.

091

적어도 한 달에 한 번 이상은 새로운 일을 시도해 보세요. 고전 동화를 읽거나, 탱고 강좌에 등록하거나, 오토바이 뒷자리에 앉는 등 무엇이든 상관없어요. 자신을 익숙하지 않은 경험에 노출시키는 일은 정신적, 신체적 시야를 넓히고 변화에 익숙하게 만들 거예요. 지루한 일상을 벗어나는 효과도 있답니다.

092

　　모른다는 사실을 인정하세요. 오늘날 우리는 끊임없이 매사에 해답과 의견이 있어야 한다는 압박을 받습니다. 그런 압박은 정치, 경제, 역사, 예술 혹은 다른 어떤 분야를 불문하고 지식의 한계를 의식하도록 만들 수 있어요. 잘 모른다는 사실에 죄의식을 느끼거나 당황할 필요는 없습니다. 사람들이 관심을 두는 주제들에 관해 전문가라고 자칭하는 사람들과 어울리는 것을 조심하세요. 모든 것을 다 알 수는 없는 법이죠. 맹점들을 수용하되 그로 인해 스트레스 받지는 마세요.

093

　내면 깊은 곳에서 틀렸다는 사실을 자각한다면, 이를 인정하세요. 이렇게 하면 당신이 옳다는 착각을 계속함으로써 생겨나는 긴장감에서 자유로워질 거예요.

094

재미없는 책은 끝까지 읽지 않아도 괜찮아요. 당신을 즐겁게 만드는 책을 찾으세요. 세상의 모든 책을 다 읽어야 할 의무는 없으니 말이에요. 때로는 감명 깊게 읽은 책을 다시 펼쳐 보기도 하세요. 어려운 책이 아니더라도 괜찮아요. 그림책이나 만화책도 좋습니다.

095

　　시간을 장애물이 아닌 편리한 것이라 여기세요. 시간은 단지 모든 일이 동시에 발생하는 사태를 방지하기 위한 자연의 법칙일 뿐입니다. 시간은 당신이 필요로 할 때까지 뒤편에 대기하도록 프로그램된 로봇 같은 도우미라고 생각하세요. 친구를 만나는 동안에도 시간은 당신을 기다리고 있을 거예요.

096

일을 줄이는 대신 더 많은 것을 경험하세요. 우리가 사는 현대 사회는 모든 것들이 급속도로 흘러갑니다. 짧은 시간 내에 더 많은 일을 하라는 압박을 계속해서 느끼죠. 그 결과 우리가 하는 일을 제대로 인식하거나 살아 있다는 감각을 즐길 수 있는 시간이 부족합니다. 이런 상황을 좀 더 편안하게 만들 수 있는 한 가지 방법은 자신을 위해 시간을 할애하는 것이에요. 때로는 책임지고 있는 약속의 수를 줄여야 할지도 몰라요. 할 일이 줄어들면 자신의 경험을 되돌아보고 제대로 인식할 수 있는 시간을 더 많이 가지게 될 거예요.

097

 욕심을 버리는 과감한 선택을 하세요. 돈 걱정은 없지만 시간이 부족한 사람들은 급여를 적게 받는 대신 일하는 시간을 줄임으로써 과감한 선택을 할 수도 있죠. 이는 풀타임 직장에서 파트타임 직장으로 이직하는 것을 포함해, 경력 사다리를 내려오거나 심지어 직무의 전환을 의미할 수도 있어요. 한번 진지하게 생각해 보세요. 이런 결단이 더욱 풍요로운 삶을 가져오기도 한답니다.

098

지출이 없는 하루를 보내 보세요. 조금만 미리 계획한다면 일하는 날에도 가능해요. 예를 들면, 점심 도시락을 준비해 갈 수도 있죠. 이런 날이 일주일에 몇 번이나 가능할지 생각해 보세요. 절약에 매우 효과적이랍니다.

099

　돈을 조심하세요. 다시 말해, 당신에게 돈이 어떤 의미인지 물어보라는 뜻입니다. 돈의 상징적인 의미보다는 실용적 의미에 집중하도록 노력하세요. 자긍심을 돈과 연결 짓지 않도록 조심하세요. 진정한 자산은 금전적인 가치가 아니라 개인적인 가치로부터 나오는 것입니다. 금전적으로 풍족하지 않더라도 당신은 충분히 사랑스럽고 평화로운 존재로 성장할 수 있습니다.

100

저금통을 마련해 보세요. 지갑과 가방 속에 굴러다니는 동전들을 빈 병에 모으는 거예요. 어느 정도 시간이 지나면 차곡차곡 쌓여 큰 돈이 될 거예요. 은행에 가서 그 동전들을 지폐로 바꾼 다음, 자신을 위한 선물을 사거나 자선 단체에 기부하세요.

101

인생의 계획을 세워 보세요. 가 보고 싶은 장소부터 일어났으면 하는 일들까지 10가지 리스트를 작성하세요. 달성한 것에는 체크 표시를 해요. 체크 표시가 늘어날 때마다 마치 운명을 따르는 듯한 느낌을 받게 될 거예요.

102

　순간의 목표들을 포착하세요. 대부분의 사람들이 구체적인 목표를 가지지 않는 이유는 그 목표에 관한 뚜렷한 그림이 없기 때문이에요. 당신의 마음이 카메라라고 상상하세요. 이제 경력과 가족, 인간관계, 개인적 성장 같은 인생의 중요 항목에 관한 목표들의 상세한 이미지를 만드세요. 셔터를 눌러 목표들을 하나하나 마음속에 각인시키세요.

103

지금 당신이 어디로 향하는지 살펴보세요. 결코 당신의 길 위에 놓인 장애물에 초점을 맞추지 마세요. 어쩌면 상상 속에 존재하는 장애물일지도 모르지만, 당신의 앞날을 좌우하도록 놔두지 마세요.

104

변화의 동력을 만드세요. 영감을 주는 단어와 이미지를 하나하나 수집하세요. 지난 잡지를 훑어보며 당신의 목표나 포부들을 대변하는 듯한 구절이나 사진들을 모두 오려 보세요. 한 장의 종이 위에 그것들을 붙여 콜라주를 만드세요. 벽에 붙여 두고 꿈을 향한 발걸음을 내딛는 격려의 이미지로 활용하세요.

105

 자그마한 걸음을 내디뎌 보세요. 하나의 목표를 향해 발전해 나가는 최상의 방법은 날마다 하나씩 작은 행동을 통해 꿈들이 결실을 맺도록 만드는 거예요. 예를 들어, 점심시간을 활용해 인터넷에서 정보를 수집하거나 필요한 자료를 요청하는 이메일을 쓸 수 있어요. 혹은 당신을 도와줄 누군가에게 전화를 걸 수도 있죠.

106

롤모델을 찾아보세요. 당신이 이루고 싶은 목표를 이미 달성한 누군가를 찾아보는 거예요. 그들이 내디딘 발걸음과 그 위치에 도달하기 위해 활용한 전략에서 어떤 것들을 발견할 수 있는지 알아보세요. 어쩌면 그들에게 편지를 쓰거나 전화를 걸어 조언을 구할 수 있을 거예요. 그들이 세간의 주목을 받는 인물이라면 다양한 정보로 가득한 인터뷰나 그들의 삶에 관한 책을 접할 수도 있을 거예요.

107

　배움을 절대로 멈추지 마세요. 스스로나 다른 사람들, 혹은 전 세계를 아우르는 배움일 수도 있죠. 배움은 우리를 융통성 있고 기민하게 만들며, 일어나는 일들을 적절하게 다룰 수 있도록 도울 거예요. 우리가 추구하는 변화들을 이루도록 돕기도 합니다.

마음과
영혼

108~116	명상과 심상
117~123	정신적인 것
124~129	소망, 기도, 그리고 의식
130~135	자아와 세상
136~141	수용하는 태도
142~150	소박한 생활
151~159	스스로를 사랑하기

108

명상의 자세를 기르세요. 명상하는 동안 휴식을 취하려면 편안하게 앉는 것이 중요합니다. 명상의 전통적인 자세는 '가부좌'예요. 양다리를 교차하고 두 발끝은 각각 반대편 허벅지 위에 둔 채 앉으세요. 이 자세가 어렵다면 한 발만 반대편 허벅지 위에 놓는 반가부좌나 양다리를 교차하고 바닥에 똑바로 앉는 자세를 취해 보세요. 만약 무릎에 통증이 느껴진다면 골반 아래에 쿠션을 놓거나 의자 위에 앉도록 해요. 이때 몸을 앞으로 당기듯이 앉아 등이 의자의 등받이에 닿지 않도록 하세요.

109

편안한 마음으로 명상하세요. 명상을 하는 동안 편안하고 자유로운 느낌이 들지 않는다면 긴장을 하고 있거나 불안함을 느끼기 때문일지도 몰라요. 명상을 시작하기에 앞서 재미있는 무언가를 생각하세요. 웃음은 영혼을 자유롭게 만들 거예요.

110

철학적인 문장을 곱씹어 보세요. 고대 그리스의 철학자 엠페도클레스Empedocles는 이런 말을 했어요. "신은 원의 중심 어디에나 있다. 그러나 그 둘레에는 아무것도 없다." 수수께끼처럼 이해하기 어려운 말이지만, 형용할 수 없는 심오한 진리를 내포하고 있습니다. 이 말의 진가를 알기 위해서는 논리적인 설명보다는 마음속으로 들여다보는 시간이 필요해요.

111

　이중성에 관해 생각해 보세요. 동전 한 개를 들고 초상이 새겨진 면을 먼저 살펴보세요. 초상을 꿰뚫어 보는 것처럼 동전 뒷면의 이미지를 떠올려 보세요. 그다음, 동전을 뒤집어 같은 방식으로 바라보세요. 우리는 동전의 양면을 통해 현실의 이중성을 발견하기도 하죠. 사물을 바라보는 것에는 여러 방법이 존재한다는 사실을 기억하세요.

112

　명상을 통해 핵심을 꿰뚫어 보세요. 마치 석유를 찾기 위해 땅을 뚫는 것처럼 말이에요. 명상으로 정신의 다양한 층들을 통과해 의식의 중심부에 도달하려면 인내심이 필요합니다. 당신의 집중이 경험과 기억, 지각, 신념으로 이루어진 정신의 층을 헤치고 나아가 마침내 존재의 중심에 있는 순수한 사랑과 평화, 만족감에 도달하는 장면을 상상하세요.

113

만트라Mantra를 활용해 명상하세요. 만트라는 명상하는 동안 정신 집중을 위해 계속해서 반복하는 소리나 주문을 의미해요. 만트라 중 가장 잘 알려진 것 중 하나는 '옴Om'입니다. 힌두교에 따르면 '옴'은 원시적인 소리로, 전 우주가 창조된 시발점이라고 알려져 있답니다. 이 음절을 읊조리면 우주의 에너지와 조화를 이룰 수 있다고 합니다. '옴'을 소리내며 약 4초간 허밍을 해 보세요. '캄calm'과 같은 적당한 단어를 읊조리며 마지막 소리를 길게 낼 수도 있어요.

114

　심상으로 신체를 이완시키세요. 반듯이 편안하게 누워 보세요. 마치 몸이 액체가 되었다고 상상합니다. 발가락부터 머리를 향하며 신체의 각 부분에 차례차례 긴장과 이완을 반복하세요. 마무리로 심신을 안정시키며 정신을 집중하고, 생각들을 흘려보내세요.

115

내 몸을 관통하는 바람이 불어온다고 상상해 보세요. 바람이 휘파람 소리를 내며 신체를 통과합니다. 그리고 당신이라는 존재의 천을 통과하듯 모든 근심과 걱정을 말끔히 씻어 낼 거예요.

116

하늘이 되어 보세요. 머리 위의 장대한 푸른 하늘을 상상해요. 아무런 제한도 한계도 없는 하늘이 온 세계를 포용한다고 생각하세요. 우리의 정신과 자아 역시 아무런 제한이 없다고 생각하는 거예요. 하늘이 당신의 마음을 가득 채울 때면 풍요롭고 평온한 자아와 영혼의 무한성을 느낄 수 있어요. 그 느낌을 담아내려 애쓰지 말고 의식의 안팎에 존재하는 무한함을 받아들이며 편안하게 휴식을 취합니다.

117

영적 수행을 하세요. 나와 내 주변의 세계를 내면적으로 연결하고 나를 중심으로 삼음으로써 영적 수행의 기초를 다질 수 있어요. 예를 들면 요가나 명상 등의 수양법이나 불교와 선종의 다도, 영적 순례 등이 있습니다. 이러한 활동은 나 자신을 완전히 받아들이고 행위와 일치시킴으로써 몰입의 상태로 이끌 수 있습니다. 이를 통해 삶의 안정감을 찾을 수 있을 거예요.

118

부처나 성 어거스틴St. Augustine 같은 영적 스승으로부터 배움을 실천하세요. 그들의 삶과 가르침들을 공부하고, 작지만 소중한 방식으로 그들의 계율을 따르세요. 만약 망설이고 있는 일이 있다면, 그들이 이 일을 찬성할 것인가 스스로에게 물어보세요.

119

　　당신의 수호천사를 만나세요. 눈을 감고 어두운 숲의 가장자리에 서 있다고 상상하세요. 당신 앞에는 길이 하나 있어요. 숲의 한가운데로 깊이 굽이친 길을 따라 걷습니다. 마침내 빈터에 도착하고, 그곳에는 사원이 서 있어요. 사원의 출입구로부터 밝고 하얀빛이 나옵니다. 사원에 들어가는 순간 그 밝은 빛이 사실은 아름다운 천사라는 것을 깨닫습니다. 천사는 양팔을 벌려 당신을 안아 줍니다. 그 순간 수호천사가 당신과 당신의 인생에 관한 모든 것을 이해함을 알 수 있어요. 그 천사는 인생의 여정을 함께하는 친구로서 언제나 당신을 위해 존재하며, 조건 없는 사랑과 지원을 제공할 것입니다. 길을 잃고 혼자라고 느낄 때마다 내면에 존재하는 이 성스러운 장소에 돌아오기만 한다면 수호천사는 언제나 그곳에서 당신을 환영할 거예요.

120

영혼의 안내자를 불러내세요. 영적인 지혜를 구현하는 존재이든 수호천사 같은 천상의 존재이든 상관없어요. 영혼의 안내자들은 힘든 상황에 직면하거나 스스로의 능력으로 해결하기 어려운 문제가 있을 때마다 도움을 줄 거예요. 단지 생각하고, 말하고, 기록하는 것도 괜찮아요. 수많은 길 가운데 하나를 통해 그 해답을 얻게 될 것입니다. 꿈이나 소소한 대화, 어디선가 추천받은 책을 통해 깨달을 수도 있죠. 주변의 모든 신호에 주의를 집중하세요.

121

도道를 따르세요. 도는 '길' 또는 '경로'를 의미하는 말입니다. 또한 도교는 삶이 한 형태에서 다른 형태로 끊임없이 이동한다는 사상에 기초한 동양 철학이죠. 모든 문제는 우리가 자연스러운 변화의 양상에 저항하거나 통제하려고 할 때 발생해요. 흐름에 순응하고 별다른 저항 없이 변화하는 것들을 그대로 받아들이면 비로소 조화로운 상태가 회복될 것입니다.

122

죽음을 하나의 선물이라 여기세요. 더는 죽음을 두려워하지 않게 될 거예요. 미국의 시인 에밀리 디킨슨Emily Dickinson은 이렇게 말한 적 있습니다. "죽음은 야생의 밤이자 새로운 길이다." 만약 영원히 살아야 한다면, 삶 속에 갇힌 느낌을 받을 것입니다. 원래 있던 곳으로 돌아가는 것이라 생각하세요. 영혼과 그 근원이 도달하는 지점으로 말이에요.

123

묘지를 방문하세요. 평화로운 분위기의 묘지는 조용한 사색을 즐길 수 있는 더없이 이상적인 장소입니다. 묘비명을 읽어 보세요. 삶과 죽음이 이어지는 감각을 느껴 보는 거예요.

124

집 안의 조용한 장소에 명상의 공간을 만드세요. 침실이나 서재가 가장 이상적입니다. 작은 탁자나 박스를 천으로 덮고, 용기와 영감을 자극하는 물건들로 장식하세요. 가족이나 친구들의 사진, 자연을 상징하는 꽃과 돌 등이 있죠. 그 공간 앞에서 명상을 하며 유익한 에너지를 느껴 보세요.

125

기도의 힘을 발견하세요. 종교적인 기도가 아니더라도 힘을 얻기에는 충분합니다. 기도를 통해 꿈과 희망을 표출하고 축복받을 수 있어요. 기도를 하며 인생의 방향을 돌아보고 여정을 계속하기 위한 힘을 얻으세요. 기도의 형식은 상관없어요. 우주 혹은 신성한 힘을 통해 자아를 실현할 수도 있죠. 당신의 지혜와 힘을 길러 보세요.

126

소원이 이루어지는 분수에 동전을 던지며 친구나 지인에게 행운이 깃들기를 기원하세요. 심지어 적일지라도 말이에요. 자애로운 마음은 자신의 행운만을 바라는 마음보다 훨씬 큰 만족감을 가져옵니다.

127

소원을 비는 나무를 만드세요. 이 나무는 색색의 옷 조각들을 나무에 달고 소원을 빌던 켈트족의 전통에서 그 유래를 찾을 수 있습니다. 당신만의 소원 나무를 만들기 위해서는 먼저 버릴 만한 낡은 옷을 찾아야 해요. 낡은 옷을 찢어 조각으로 만든 후, 적당한 나무를 찾아 매달며 소원을 빌거나 목표를 떠올리세요. 나무에 모든 소원과 목표를 달 때까지 계속하세요. 이를 통해 과거의 부담감을 내려놓는 동시에 희망이 가득한 미래를 그릴 수 있을 거예요.

128

풍선으로 소원을 전하세요. 구체적인 소원을 종이에 적어 헬륨 풍선에 매달아요. 그리고 풍선을 밖에 들고 나가 하늘로 날려 보내세요. 소원을 매단 채 창공을 날아 작은 점이 될 때까지 지켜보세요. 이는 열망을 실현할 수 있도록 격려하는 동시에 운명을 나의 편으로 만들 거예요. 생각이 현실로 이어지는 겁니다. 물론, 이 모든 단계를 머릿속으로 세세히 그려 낼 수 있다면 실제와 같은 효과를 얻을 수 있습니다.

129

 두려움을 불태워 없애세요. 당신의 두려움들을 한 장의 종이에 써서 그 종이를 조심스럽게 불태우세요. 양초로 불을 붙여도 좋고, 모닥불에 던져도 좋아요. 그리고 이렇게 다짐하세요. "나의 두려움은 내가 다스린다. 이제 두려움을 쫓아내겠다." 이렇게 말이에요.

130

자연의 원소들과 가까워지세요. 현재 상황에 집중하지 못하거나 불안해하는 스스로를 발견할 때마다 자연의 원소들을 통해 마음을 가다듬으세요. 맨발로 밖을 걷거나 땅 위에 눕는 건 어때요? 모래나 자갈을 손가락 사이로 흘려 보내거나 촛불로 주위를 둘러싸고, 온몸으로 세찬 바람을 느끼는 것도 좋습니다. 이것들이 어렵다면 자연의 원소들에 관한 명상을 해 보세요. 과거의 철학자들은 우주가 불과 물, 공기, 흙, 에테르 등의 5가지 원소로 구성된다고 여겼습니다. 이 원소 각각의 독특한 성질을 떠올리며 소방관이나 항해하는 선원, 파일럿, 광부 등 자연의 원소들과 맞서는 사람들을 위해 기도해 보아요.

131

땅 위에 누워 하늘을 바라보세요. 지구와 우리를 둥글게 감싸는 하늘의 진정한 광활함을 감상할 수 있어요. 우주와의 본질적인 연관성과 더불어 우리가 자연의 질서 안에서 행하는 작지만 꼭 필요한 역할을 깊이 인식할 수 있게 될 거예요.

132

 빗소리를 잘 들어 보세요. 지붕을 두드리거나 뒤뜰에 내리는 빗방울의 리듬은 우리의 마음을 달래는 효과가 있습니다. 낮에는 빗소리를 들으며 시끄러운 외부 소리가 멀어지는 색다름을 즐기고, 밤에는 침대에 누워 따뜻하고 뽀송뽀송하게 누워 있을 수 있는 아늑함을 즐기길 바라요.

133

 쌍무지개는 매우 보기 힘든 현상입니다. 쌍무지개를 인생의 진귀함을 상기시키는 존재로, 그리고 당신이 하는 모든 일에 대한 축복으로 바라보세요. 이러한 경험을 즐기면서 자연에서 비롯된 긍정적인 신호를 느낄 수 있음에 감사하세요.

134

날씨가 따뜻하다면, 우산 없이 빗속을 걸어 보세요. 피부 위로 떨어진 빗방울들이 작고 차가운 개울이 되어 흘러내릴 때의 기쁨을 느끼세요. 자연과의 친밀한 느낌을 즐겨요. 세상과 연결되어 있다는 사실을 상기시킬 거예요.

135

　수영장이나 호수, 바다 위를 떠다니세요. 양팔과 다리를 뻗은 채 움직임을 통제하려는 모든 행동을 멈추세요. 단지 그곳에 누워 무중력의 상태를 즐기세요. 삶의 모든 역할과 걱정거리들이 마치 수증기처럼 빠져나가며 상승하는 장면을 상상해 보세요. 당신은 이제 순수한 자아이자 순수한 정신, 순수한 영혼입니다.

136

흘러가는 삶에 몸을 맡기세요. 만일 하나의 성과를 달성하기 위해 고군분투하고 있다면, 그 문제에 압박을 가하고 있는 것입니다. 그보다는 자리에 편안하게 앉아 무슨 일이 일어나든 그대로 받아들여 보세요. 그것이 정말 당신의 것이라면, 머지않아 당신의 차지가 될 거예요. 어떤 일이든 정해진 시간이 되기 전에는 일어나지 않는 법이죠.

137

변화를 받아들이세요. 똑같은 상태로 영원히 남아 있는 것은 없습니다. 진정한 휴식은 삶의 자연스러운 흐름을 통제하는 데서 오는 것이 아니라 미래에 대한 두려움과 지나간 날들의 향수 없이 단지 흐름에 자신을 맡기는 일에서 비롯되는 거예요.

138

철새들이 이동하는 모습을 명상하며 변화를 받아들여 보세요. 철새들은 해마다 몰려들고 떠나기를 반복하며 계절에 따른 대이동을 하죠. 이런 전 지구적인 움직임은 우리와는 전혀 상관없는 것처럼 보입니다. 밀물과 썰물처럼 단순히 자연의 순환일 뿐인 것이죠. 이와 같은 시각으로 당신의 인생에 나타나는 변화들을 바라보세요. 직선의 길 위에 펼쳐진 장애물이 아니라 순환적인 변화라는 큰 시야로 바라보는 거예요.

139

태어난 지 일주일 된 참새가 나뭇가지를 단단히 붙잡고 있는 모습을 상상해 보세요. 어린 참새의 첫 비행은 찰나에 불과합니다. 어미 새가 하늘로 날아오르라고 재촉하며 활공하는 모습을 쳐다보던 새끼 참새는 이내 나뭇가지를 박차고 허공을 가릅니다. 처음에는 지면을 향해 추락하지만 갑작스레 날개를 퍼덕거리며 몸을 추스르고 기운을 내어 날아오르는 기술과 힘을 발견하게 될 거예요. 새는 성취감과 기쁨에 젖어 지저귑니다. 이러한 상상 속에 숨겨진 메시지는 단순해요. 당신이 잡고 있는 나뭇가지를 그만 놓으라는 것입니다. 이는 곧 자유와 행복으로 이어질 거예요.

140

지나간 기회는 흘려보내세요. 인생에서 잡지 못한 기회는 언제나 있는 법이죠. 미처 눈치채지 못했거나 다른 일을 우선시했기 때문입니다. 이러한 기회를 놓쳐 버렸다는 사실 때문에 자신을 탓하기보다는 그 당시 최선을 다했다는 사실을 기억하세요. 앞을 보고 선택한 길을 따라가며 당신을 향해 열려 있는 문을 찾으세요. 이미 닫혀 버린 문은 그만 잊는 거예요.

141

평온의 기도를 드리세요. "하나님께서는 내가 바꿀 수 없는 일들을 수용하는 평온함과 상황을 변화시킬 수 있는 용기, 그리고 차이를 알아내는 지혜를 허락하셨다."

142

가벼워지세요. 하찮거나 경솔한 것, 무신경한 것과는 달라요. 가벼움은 운명에 직면해서도 당당하게 춤을 추는 품위 있는 능력입니다. 진중하지만 느린 것과는 다른 삶의 접근법이죠. 잠시 가벼움을 익히도록 노력하되 억지로 불러내지는 마세요. 나무에 잎이 자라나는 것처럼 가벼움이 자연스럽게 다가오게 하세요.

143

선한 사람이 되세요. 이를 위해 꼭 선한 일을 할 기회가 필요한 것은 아닙니다. 모든 행동은 존재로부터 시작됩니다. 참된 존재는 계몽된 영혼으로서 행동하는 것이죠. 선하다는 것은 다른 사람들이 부정적인 태도를 선택할 때 긍정적인 태도를 취하는 것이고, 다른 사람들이 폐쇄적인 자세를 취할 때 개방적인 자세가 되는 것이며, 다른 사람들이 저항을 택할 때 수용적인 입장이 되는 것입니다. 선함은 마음의 상태이며 아무런 스트레스가 없는 것을 말해요.

144

　충분하다면 그만 멈추세요. 현대 사회의 "더 많이 해라", "더 많이 성취해라", "더 많이 가져라"와 같은 말들은 우리에게 해로운 주문입니다. 이런 말들은 충분한 수준 이상으로 계속 추진할 것을 부추기는 한편, 실현되지 않는 가능성의 끝없는 나선형을 만들어 내요. 이런 표현들을 거부하세요. 그리고 당신이 가진 자산과 무한한 가능성에 만족하세요.

145

저녁 약속을 일주일에 2~3회로 제한하세요. 약속의 수를 줄임으로써 그것들을 훨씬 더 값지게 여길 수 있습니다. 자유로운 저녁 시간을 운동이나 독서, 창의적 활동 등에 활용하고, 당신의 에너지와 은행 잔고를 재충전하세요.

146

　재산의 소유자가 아닌 관리자가 되세요. 이처럼 미묘한 인식의 변화는 상실이나 손해에 관한 두려움으로부터 당신을 자유롭게 할 거예요.

147

컴퓨터 대신 펜과 종이를 사용하세요. 당신의 어휘와 생각을 더욱 직접적으로 연결할 거예요. 또한 시력과 자세를 나쁘게 만드는 모니터에서 벗어나는 휴식을 제공하죠. 가족과 친구들에게 직접 편지를 써 보는 것은 어때요? 문자나 이메일을 보내는 것보다 훨씬 인간미가 묻어나 받는 사람도 더욱 기뻐할 거예요.

148

뉴스에 과하게 노출되는 것을 피하세요. 우리 가운데 상당수는 신문과 뉴스, 잡지에 파묻혀 살죠. 현재 일어나는 사건들을 따라가야 한다는 의무감을 느끼기 때문입니다. 하지만 전 세계의 모든 것이 연결되어 있는 이 세상에서 모든 뉴스를 받아들일 수는 없는 것이 현실입니다. 정보의 과부하를 방지하려면 읽고 싶은 내용을 신중하게 선택하세요. 전 세계의 모든 사건을 따라가려고 애쓰는 대신 두세 가지 주제를 심도 있게 파악하세요.

149

역사적인 사건들을 수첩에 기록하세요. 이는 자신의 삶을 더욱 광범위하고 역사적인 시각을 통해 바라볼 수 있게 합니다. 또한 당신의 경험에 관한 균형 감각을 제공할 거예요.

150

단 하루 혹은 아침이나 오후의 잠깐이라도 자그마한 도피를 해 보세요. 전화와 TV, 라디오, 자동차를 멀리하는 거예요. 조용하게 있을 수 있는 장소로 이동할 때 자동차가 필요하지 않다면 말이죠. 명상에 잠겨 당신에게 일어난 축복들에 감사하세요. 혼자 보내는 시간의 가치에 감사를 느끼세요.

151

스스로에게 친절하세요. 부처는 이런 현명한 말을 남겼습니다. "만일 너의 연민의 대상에 너 자신이 포함되지 않는다면 그 연민은 불완전한 것이다." 자신에게 가하는 판단들을 의식하여 그것을 부드럽게 바꾸어 보세요.

152

애정을 가지고 자신을 되돌아보세요. 야자수와 바위에 둘러싸인 고요한 연못가에 조용히 앉아 있다고 상상해 보세요. 고요한 수면을 내려다보면서 그곳에 비친 자신의 얼굴을 발견해요. 당신의 표정에 나타난 평온함을 주목하세요. 물에 비친 두 눈을 응시할 때 그 고요함과 그 속에 포함된 무한한 사랑에 놀라게 될 거예요. 물에 비친 당신의 모습은 자신의 존재에 만족하고 있으며, 거울 같은 수면 속을 응시할 때마다 그 부름에 언제나 행복하게 반응할 거예요. 당신은 그 모습을 감탄하며 바라봐요. 이제 그 마음을 되돌려주세요. 자신을 향해 사랑을 베푸세요.

153

　　자신에게 축복을 아낌없이 퍼부으세요. 수풀이 우거진 정글 속을 거닐고 있다고 상상해 보세요. 곧이어 당신은 어떤 연못에 도착하고, 그 속으로 폭포가 떨어지고 있어요. 그 작은 폭포수 아래에 서 보세요. 폭포수에서 쏟아지는 물보라가 오늘 당신의 삶에 등장하는 모든 이들의 축복과 선한 바람으로 가득 차 있다고 상상해요. 다음에 그들을 만나면 두 눈으로 감사하다는 무언의 인사를 하기로 다짐해요.

154

　모든 고통을 없애려는 음모자들에 의해 붙잡혔다고 상상해 보세요. 그 음모자들은 다름 아닌 진실과 사랑, 그리고 유머입니다. 진실은 흔들림 없이 당신의 두 눈을 들여다보며 인생이란 모험이고 지나치게 심각할 필요가 없다고 상기시켜요. 사랑은 양팔로 두 어깨를 감싸며 수줍은 태도로 당신의 영혼이 눈부시다고 조심스레 말하죠. 다음에는 유머가 나타나 당신이 최근 푹 빠져 있는 농담을 해요. 그 농담에 다시 한번 웃습니다. 이전에 수없이 웃었던 것처럼 말이죠. 당신의 웃음이 온 세상에 퍼져 나가고 모든 고통은 사라질 거예요.

155

나만의 성공 도표를 만드세요. 맨 위에 월을 적고 생활 속 모든 영역의 일들을 작성하세요. 인간관계나 업무, 창의적인 생각, 자기 계발, 건강 등 무엇이든 좋습니다. 한 달이 끝날 무렵에는 각 영역에서 이루어 낸 성공들을 되돌아보세요. 프로젝트 업무의 완수부터 정기적인 댄스 수업의 참석까지 모든 형태의 성공이 포함돼요. 각각의 항목을 성취할 때마다 자신의 노력에 보상하는 의미로 금색 별을 붙이세요. 나만의 인생 도표를 만들어 지금까지 인생에서 이루어 낸 업적들을 상기할 수도 있어요.

156

현재의 나이를 즐기세요. 오늘의 당신이 가장 젊으니까요! 점차 자라나는 자신의 지혜와 연륜에 감사하세요. 지금보다 더 젊은 신체와 얼굴에 그러한 지혜와 연륜은 어울리지 않을 거예요. 기억하세요. 세상 모든 일에 호기심을 갖고 새로운 도전과 경험을 계속하는 개방적인 자세를 지킨다면 젊음을 느낄 수 있습니다. 그리고 이것이 곧 젊음이죠!

157

주름과 흰머리를 비롯한 노화의 소소한 신호들을 찾아보고 반겨주세요. 내면의 성숙함을 나타내는 것들을 자랑스럽게 생각하는 거예요. 이들은 지혜와 연륜을 상징하는 훈장이기도 하죠. 시간의 흐름을 긍정적으로 받아들이고 더 지혜로운 사람이 되기 위해 노력하세요.

158

　큰 소리로 신념을 외치세요. 그 신념들이 아무리 별거 아닌 것처럼 느껴지더라도 말이에요. 작은 위험의 지각을 습관화하는 것도 괜찮아요. 이런 행동은 우리의 성장을 위해, 그리고 힘든 상황을 헤쳐 나갈 능력을 갖추기 위해 꼭 필요합니다. 위험의 반대편에는 우리의 가장 큰 적인 두려움을 물리쳤다는 만족감이 기다리고 있습니다.

159

생각의 힘을 높이 평가하세요. 애벌레가 자라 나비가 되고, 새싹들이 돋아 나무가 되는 모습을 떠올리며 위대한 자연의 능력을 생각해 보세요. 자신의 아이디어를 이와 유사한 시각으로 바라보세요. 당신은 한 아이디어에서 다른 아이디어를 만들어 내는 무한한 능력을 가지고 있어요. 생각의 세계를 지배하는 황제죠.

건강한 신체

160~167	휴식의 손길

168~175	내 몸 돌보기

176~181	올바른 자세

182~188	손쉬운 운동

189~201	먹고 마시기

202~207	몸의 지혜

160

마사지의 좋은 점들을 알아 두세요. 마사지는 건강을 얻고 유지하기 위한 가장 쉬운 방법들 가운데 하나라고 해요. 순환을 촉진하고 근육을 이완하며, 소화 작용을 돕고 림프계를 자극해 몸의 노폐물을 제거하는 데 도움을 줍니다. 또한, 정서적 측면에서 우리를 휴식하게 하고 사랑과 따뜻함, 안정감을 만들어 내죠.

161

손을 움직이세요. 준비 운동을 통해 손의 유연성과 민감성을 높이면 좋습니다. 먼저, 오른쪽 손바닥으로 왼쪽 손등을 세게 문지르세요. 그리고 손을 바꾸어 반대 동작을 합니다. 그다음, 뜨거운 느낌이 들 때까지 두 손바닥을 서로 비비세요. 마무리 동작으로 양 손바닥을 맞잡은 다음, 두 손바닥이 더 이상 서로 닿지 않을 때까지 팔꿈치를 들어 올리세요. 손가락들을 서로 누르면서 6초 동안 정지하고 손가락과 손목 관절을 스트레칭하세요.

162

　오일로 마사지를 하세요. 고농축의 에센셜 오일을 사용하면 좋아요. 오일 마사지가 처음이라면 아몬드나 포도씨, 콩을 원료로 하는 가벼운 식물성 오일을 사용해 보세요. 식물성 오일 1티스푼과 에센셜 오일 1~3방울을 섞어 보세요. 에센셜 오일을 사용하면 양손이 피부 위를 부드럽게 미끄러지도록 도울 뿐만 아니라, 마사지를 하는 사람과 받는 사람 모두에게 긍정적인 효과가 있습니다. 가장 먼저, 스트레스와 두통, 불면증, 신경 불안과 가벼운 우울증의 증상을 완화하는 라벤더 오일을 써 보세요.

163

얼굴을 마사지하세요. 스트레스를 느끼면 자신도 모르게 이마를 찌푸리고 이를 악물게 됩니다. 집게손가락과 중지를 이용해 긴장감을 해소해 보세요. 이마 위에 원을 그리면서 중앙에서 관자놀이를 향해 손가락을 움직이세요. 그다음, 콧날을 따라 위쪽을 향해 마사지하세요. 마지막으로 두 눈을 감고 손끝 부분을 눈 주위에 부드럽게 올려놓으세요. 이 세 단계를 각각 약 1분 동안 해 보세요.

164

눈 주위의 지압점들을 집게손가락으로 부드럽게 눌러 두통과 편두통을 완화하세요. 눈 주위에는 7개의 지압점이 있답니다. 이마 중앙부 두 눈썹 사이의 1개, 두 눈썹 중앙부에 각각 1개씩 2개, 눈 밑부분인 안와의 아래쪽에 솟은 부분 지점 양쪽에 2개가 있습니다. 그리고 안와의 바깥쪽 가장자리이자 관자놀이 부근 양쪽에 2개가 있답니다. 각 지압점을 차례로 3초 동안 힘을 주어 누른 다음 부드럽게 손을 떼세요.

165

두피의 긴장을 풀어 주세요. 두피 가까이에 있는 머리카락을 쥔 다음, 주먹을 쥐었다 펴는 동작을 수차례 반복하세요. 그리고 머리카락의 뿌리 부분을 쥔 상태에서 주먹을 앞뒤로 움직여 두피가 두개골 위로 움직이게 하세요. 머리 전체에 걸쳐 이 동작을 반복해 보세요.

166

조약돌로 발을 마사지해 하루 동안 쌓인 피로를 풀고 생기를 회복하세요. 작은 돌이나 구슬을 얕은 깊이의 대야나 그릇의 바닥에 깔아 보세요. 그 위에 적당히 뜨거운 소금물 반 컵을 붓고, 좋아하는 에센셜 오일 몇 방울을 떨어뜨리세요. 소독과 쿨링이 되는 페퍼민트 오일도 좋습니다. 대야에 발을 담그고 자갈 위를 구르는 동작을 하면서 발바닥에 부드러운 압력을 가하세요.

167

고양이처럼 부드러운 털을 가진 동물을 쓰다듬어 보세요. 한 연구 결과에 의하면, 반려동물을 쓰다듬는 행동에는 일종의 치료 효과가 있다고 합니다. 무조건적인 사랑이 접촉을 통해 교환되기 때문이죠. 이는 고혈압을 낮추는 효과도 있답니다.

168

경혈 마사지를 통해 스트레스로 인한 짧고 얇은 호흡을 치유해 보세요. 바닥에 등을 대고 누워 한 손바닥을 배 위에 올려놓고 다른 손바닥은 가슴 위에 올려놓으세요. 이 상태를 1분 동안 유지하세요. 이런 동작은 불안감의 근원인 폐와 신장 사이 '기'의 흐름을 자극하면서 휴식을 취하고 더 깊은 숨을 쉴 수 있게 도와줄 거예요.

169

 호흡에 대한 의식을 발달시키세요. 우리의 호흡 패턴과 정신 상태 간에는 밀접한 연관성이 있습니다. 호흡은 불안함을 느낄 때 얕고 급해지며, 휴식할 때는 깊고 느려지는 경향이 있어요. 자신의 호흡을 좀 더 의식함으로써 호흡 패턴을 바꾸어 더욱 이완된 신체와 정신 상태를 얻을 수 있어요. 먼저 등을 바닥에 대고 누워 두 눈을 감고 코로 호흡하세요. 한 손은 가슴 위에 올리고 다른 손은 복부 위에 올려놓습니다. 두 손이 오르락내리락 움직이는 모습에 집중하면서 호흡의 리듬감과 깊이를 곰곰이 살피세요.

170

꿀벌 호흡법이라고도 하는 '브라마리Bhramari 호흡법'은 벌이 내는 듯한 소리를 만들어 냅니다. 허밍은 신체 내에 진동의 느낌을 유발하고, 이는 진정과 보살핌을 통해 건강과 행복의 감각을 불러일으켜요. 이 호흡법을 하려면 우선 편안하게 자리에 앉아 길고 안정적으로 숨을 들이쉬어야 해요. 숨을 내쉬며 부드럽게 허밍하고 턱을 계속 이완시키세요. 숨을 내쉴 때마다 계속해서 허밍을 하고 그 소리가 얼굴과 머리의 모든 부분에서 진동하도록 만드세요. 이렇게 8~12회 정도 호흡해 봐요.

171

사자처럼 포효해 보세요. 요가에 근거한 이 건강법은 긴장과 스트레스를 완화하는 데 매우 탁월한 효과가 있습니다. 먼저 깊은 숨을 쉬면서 가슴을 확장하여 폐를 공기로 가득 채우세요. 그다음, 입과 목구멍을 가능한 한 넓게 열고 위장과 횡격막 근육들을 수축해서 공기를 배출하세요. 그리고 "아아" 하는 소리를 내요. 크고 길수록 좋아요. 세 차례 반복하면서 매번 더 큰 힘을 들여 울부짖어 봐요.

172

고양이 자세를 해 보세요. 이는 일종의 요가 자세로, 척추의 긴장 상태를 완화하고 머리를 맑게 하며 마음을 평온하게 만듭니다. 네발 자세로 시작해서 척추가 아래로 굽거나 위로 올라가지 않도록 중립 자세를 취하고, 양어깨는 두 손의 위치보다 앞서게 하며, 엉덩이 역시 양 무릎보다 앞쪽에 가게 합니다. 숨을 들이쉬면서 등을 아래쪽으로 구부리고 가슴과 머리를 약간 들어 올리세요. 숨을 내쉬며 반대 동작으로 척추를 위쪽으로 구부리며 아래 골반을 기울이세요. 순서대로 6회 반복해 보세요.

173

발을 통해 호흡하세요. 스트레스 받는 상황에서 좀 더 안정감을 느끼도록 도움을 줄 거예요. 이 운동은 발이 지면 위에 있다면 언제든 할 수 있어요. 숨을 들이쉬면서 양 발바닥을 통해 양다리를 지나 몸통 안으로 공기를 끌어들이고 있다고 상상하세요. 그리고 숨을 내쉬면서 반대로 상상해 보세요.

174

양다리를 올리세요. 이러한 일종의 요가 자세를 하면 혈액이 머리를 향해 빠르게 내려가고, 뇌에 생명력 넘치는 산소를 듬뿍 공급해요. 이는 신체와 정신을 활성화할 수 있습니다. 등을 대고 누워 양다리를 벽에 기대세요. 두 손을 마루 위에 놓인 머리 위쪽으로 조금 떨어진 거리에서 가볍게 잡으세요. 이때 양팔은 마름모꼴이 되어야 해요. 깊고 고르게 숨을 쉬세요. 그리고 이렇게 10분 동안 누워 있으세요. 자기 전에 이 자세를 하면 숙면을 취할 수 있습니다.

175

아기 자세를 해 보세요. 요가의 대표적인 휴식 자세랍니다. 태아의 모습을 본뜬 이 자세는 마음을 평온하게 하여 두려움이나 불안감 같은 힘든 감정을 느끼고 있을 때 도움이 됩니다. 먼저 무릎을 꿇고 엉덩이를 발뒤꿈치 위에 올려놓은 채로 척추는 직선으로 바르게 하고 양팔은 옆에 두어요. 숨을 내쉬며 엉덩이부터 시작해 앞쪽으로 엎드리면서 가슴을 허벅지 위에 놓고 이마는 마루 위에 닿게 하세요. 양손을 발 쪽을 향해 뒤로 미끄러지게 하면서 양팔을 마루 위에 놓으세요. 두 눈을 감고 모든 힘든 감정들이 사라질 때까지 부드럽고 고르게 숨 쉬세요.

176

요가의 기본적인 자세로 서 보세요. 양발은 평행 상태로 일정 거리를 두고 발바닥과 지면의 접촉을 의식하세요. 몸무게를 발의 볼록한 부분과 발뒤꿈치 사이로, 왼발과 오른발에 고르게 분산시켜요. 무릎을 들어 올려 다리를 스트레칭하세요. 아래 복부의 근육들을 부드럽게 끌어올리고 양어깨와 엉덩이를 이완하세요. 양팔은 내리고 휴식하는 상태로 양옆에 놓으세요. 깊고 부드럽게 고른 숨을 쉬세요.

177

머리와 하늘 사이에 금색 실이 있다고 상상해 보세요. 금색 실이 팽팽하게 당신을 들어 올리고 있다고 생각하는 거예요. 척추가 펴지고 양어깨가 낮아지며 흉곽이 자유롭게 확장되고 있어요. 자세가 구부정하다고 느낄 때마다 마술처럼 떠올려 보세요.

178

파파라치를 떠올려 보세요. 일상의 업무로 바쁠 때, 두세 명의 파파라치들이 어디선지 모르게 나타나서 당신의 모습을 찍는 상상을 하세요. 그들의 사진이 당신을 어떻게 담아내고 있을까요? 팬들이 보고 싶어 하지 않는 모습이 담긴 장면이 있지는 않나요? 앉거나 서 있는 자세를 고쳐야 한다면 노력해 보세요. 그리고 다음에 그들이 또 나타나면 더 근사한 모습을 보여줄 수 있을지 생각해 보세요.

179

천천히 움직이세요. 급하고 허둥대는 동작은 종종 우리의 불안감을 드러냅니다. 속도를 줄이면 마음을 평온하게 만들 수 있어요. 인생은 경주가 아니라는 사실을 기억하세요. 깊이 있는 경험은 대부분 서서히 펼쳐지는 법입니다.

180

　내 몸을 받아들이는 신체 의식과 싸우세요. 자신이 1퍼센트의 신체와 99퍼센트의 정신으로 이루어졌다고 생각하세요. '밖에서 안으로'가 아닌 '안에서 밖으로'의 자신에 대해 가치를 평가해 보세요. 당신의 내면에 있는 진정한 자질을 본 사람이라면 누구나 당신의 외모 역시 가치 있다고 생각할 거예요. 어떤 일이 있더라도 외모에 자긍심을 가지세요. 당신이 절대 바꿀 수 없는 신체의 모습에 불안감을 느끼지 마세요.

181

　스스로를 소중히 보살피세요. 신체는 정신을 위한 수단이므로 매일 꼼꼼히 씻고 보습제를 발라 돌봐야 합니다. 이렇게 하면 당신은 더욱 건강해 보일 것이고, 덩달아 자부심도 향상될 거예요. 주기적으로 머리를 다듬고, 가끔은 발도 신경써 주면 좋아요. 자신을 귀하게 대접하는 거예요.

182

　　파워 워킹을 해 보세요. 정상 속도보다 대략 2배의 속도로 빠르게 걸으면 출퇴근길 혹은 점심시간에 간편하게 유산소 운동을 할 수 있어요. 때로는 땀에 젖어 옷을 갈아입어야 할지도 몰라요. 좀 더 해방감을 느끼고 싶다면 공원 같은 야외에서 걸어 보세요. 20~30분 정도 운동하는 것이 가장 적당하답니다.

183

조깅을 하세요. 매연가스를 피하고 싶다면 되도록 공원 근처 등의 장소를 선택하세요. 달리면서 쿵쾅거리는 발의 리듬을 통해 자신을 진정시켜 보세요. 자신만의 생각에 완전히 몰입하기보다는 주변을 감상하는 여유를 가져 보세요.

184

공원이나 뒷마당, 혹은 잔디밭에서 줄넘기를 해 봐요. 줄넘기는 힘이 많이 들지만 반복적인 움직임과 줄의 흔들림을 통해 신체를 진정시킬 수 있어요. 어린 시절 자주 부르던 노래들을 떠올리며 줄넘기를 하면 학창 시절의 순수했던 모습으로 되돌아갈 수 있어요.

185

　수영을 하세요. 수영은 신체에 가장 부담이 적은 운동 중 하나일 거예요. 어떤 속도로 수영을 하든 물이 당신을 지지하고 있기 때문에 근육의 부담과 관절의 손상을 방지할 수 있어요. 움직이는 동안에도 몸이 휴식할 수 있답니다. 물 위를 떠다니는 동안 생기는 무중력 상태의 감각과 물살을 헤치며 나아갈 때 느낄 수 있는 힘의 감각을 즐기세요. 물속에서 편안함을 느낀다면 스쿠버 다이빙을 해 보는 것도 좋아요. 스쿠버 다이빙을 하면 우리가 사는 세상과 공존하는 수면 아래 멋진 세상을 탐험할 수 있거든요.

186

스키를 타러 가세요. 숨 막히는 멋진 경치와 속도의 해방감을 함께 느낄 수 있는 신나는 운동이죠. 중력의 힘에 기댈 수 있을 만큼 자신을 믿어 보세요. 두려움을 극복하고 자세를 유지하며 산에서 내려가는 일은 하나의 도전이 될 수 있어요. 만약 아래로 내려가는 스키의 속도감이 마음에 들지 않는다면 크로스컨트리를 할 수도 있어요. 이는 힘과 체력을 테스트하는 동시에 멋진 경치와 운동, 내면의 만족감을 보상으로 가져다줄 거예요.

187

자전거를 타요. 자전거 타기는 적당한 장소만 있다면 신체에 과도한 부담을 주지 않고 걷기나 달리기보다 더 멀리 이동할 수 있어요. 최고의 휴식을 가져다주는 한편, 새로운 장소를 탐험할 수 있는 이상적인 방법이기도 하죠. 평평하고 구부러진 강둑의 길은 자전거를 타기에 최고의 장소예요. 자전거를 타는 동안 눈을 즐겁게 하는 훌륭한 경치를 제공하기도 하죠. 신체의 한계에 도전함으로써 정신을 휴식하게 하고 싶다면 산악자전거를 시도해 보는 것도 좋아요. 장관을 이루는 절경은 물론 험한 오르막길과 신나는 내리막길이 함께 뿌듯한 보상을 안겨 줄 테니까요.

188

하타Hatha 요가를 배워 보세요. 하타 요가는 호흡과 신체 자세를 통해 몸과 정신, 영혼을 결합하는 운동입니다. 스포츠보다 정신 수련에 가까운 요가는 경쟁이 필요하지 않으므로 자신만의 속도와 유연함으로 운동할 수 있어요. 만약 신체적으로 부담이 덜 가는 운동을 선호한다면 태극권을 배워 보는 것은 어떨까요? 태극권은 신체의 에너지를 이용해 연속적인 동작을 천천히 순서대로 밟아가는 운동입니다.

189

　물을 많이 마셔요. 매일 6컵 이상의 깨끗한 물을 마시는 것이 좋아요. 정수된 물이든 병에 포장된 물이든 상관없답니다. 물을 많이 마시면 신체의 노폐물을 배출하고 에너지를 소모하는 탈수 증상을 방지하는 데 도움이 됩니다. 물이 부족하면 우리의 모든 신체적 체계가 심각한 영향을 받습니다. 피부가 건조해지거나 두통과 집중력 결여 등 다양한 문제를 겪을 수 있어요.

190

과일과 채소를 매일 섭취하세요. 과일과 채소는 태양과 지구의 에너지를 가깝게 느낄 수 있음과 동시에 필수적인 영양분을 제공하며, 면역 체계를 활성화하는 역할을 합니다.

191

계절에 맞는 식단을 짜도록 해요. 겨울철에는 심장을 따뜻하게 할 수 있도록 조리된 음식을 섭취하고, 여름철에는 생과일과 채소를 활용한 보다 가벼운 식사를 하세요. 제철 음식을 즐길 수 있다는 것은 행복한 일이죠.

192

가공식품을 줄이세요. 가공식품은 대개 지방이 과다하고 섬유질과 영양소가 부족해 영양가는 없고 칼로리만 높습니다. 더욱이 대부분의 가공식품은 각종 첨가물과 방부제를 함유하고 있어요. 임상 연구 결과, 이들 가운데 일부는 사람들의 행동 장애를 일으키는 것으로 드러났습니다. 특히 MSG를 조심하세요. 식품 첨가물은 불면증과 두통을 유발할 수 있답니다.

193

배고플 때 음식을 사지 마세요. 필요로 하는 것보다 더 많은 음식을 구입하게 될지도 몰라요. 그리고 이는 과식이나 음식물 쓰레기의 증가로 이어질 수 있죠.

194

천천히 드세요. 한 입씩 음미하며 음식의 식감과 맛에 주의를 기울여 식사하세요. 세팅된 식탁의 분위기도 감상하세요. 익숙한 분위기든 낯선 분위기든 상관없어요. 식사는 몸을 위한 시간입니다. 자신의 허기와 충족감을 존중하고 대접하세요. 우리는 매일 필요한 에너지의 약 10퍼센트를 식품의 소화와 흡수, 물질대사에 소모합니다. 식사가 끝난 후에는 혼자 조용한 시간을 보내면서 이러한 과정이 원활히 이루어질 수 있도록 하세요.

195

애정을 가지고 음식을 조리하세요. 요리는 창조적인 활동이며, 마음의 움직임을 나타낸다는 사실을 기억하세요. 우리가 조리하는 모든 음식에는 우리의 생각이 들어갑니다. 식사를 준비하면서 사랑스럽고 평화로운 생각을 하는 것이 좋아요. 이런 과정이 없다면 우리가 준비하는 음식은 단지 연료를 공급하기 위한 것에 불과할 거예요.

196

 한 번도 다루어 본 적 없는 재료를 한 가지 이상 활용해 레시피를 개발해 보세요. 새로운 식감과 냄새, 맛을 즐기는 것이 좋습니다. 그 요리를 맛있게 먹는 데 성공했다면 다음에도 도전해 볼 수 있을 거예요. 만일 맛이 없었더라도 식구들과 웃으며 넘길 수 있을 테죠.

197

어린 시절 좋아했던 음식을 직접 만들어 보세요. 특히 기분이 좋지 않아 위로나 안심이 필요할 때 좋아요. 머나먼 어린 시절의 재밌는 추억들을 생각나게 할 거예요.

198

초콜릿을 즐겨 드세요. 초콜릿의 주성분인 카카오는 16세기 초 멕시코 고원에서 강대한 국가를 이루었던 아즈텍족Aztec이 처음으로 활용하기 시작했습니다. 그들은 이것이 활기와 회복력을 준다는 사실을 깨닫고 전사와 사제, 귀족들을 위해 비축했다고 전해져요. 오늘날 카카오는 발암을 유발하는 물질로부터 우리를 보호하는 노화 방지제가 풍부하다고 알려져 있죠. 우수한 품질의 초콜릿은 카카오 함량이 높고 당의 함량은 낮아 걱정 없이 맛있게 먹을 수 있어요.

199

나만의 빵을 만들어 보세요. 반죽을 마음껏 주무르며 모든 스트레스를 발산해 보는 거예요. 그 다음, 맛있는 냄새가 나는 신선한 빵 한 조각으로 노력의 과실을 기분 좋게 수확하세요.

200

사과 껍질을 계속 이어 깎아 보세요. 껍질을 얇고 고른 너비로 유지하며 천천히 해 보세요. 여기에 집중을 쏟다 보면 감각이 날카로워지고 정신이 맑아질 거예요. 다 깎은 사과를 먹을 때쯤엔 그 기쁨이 배가 될 겁니다.

201

다도를 통해 오후 티타임을 명상 시간으로 활용해 보세요. 가지고 있는 가장 근사한 티세트를 이용해 천천히, 그리고 신중하게 차를 만들어 봐요. 모든 도구를 정확하게 두어 매일 차를 준비할 때마다 신성한 감각을 유지하세요. 각각의 동작 사이에 멈추는 시간을 가져 봐요. 특히 차를 마실 때 모든 동작을 하나하나 의식하세요. 이처럼 의식을 이어 나가면 평안을 가져오는 효과를 깨달을 수 있습니다. 다도에 익숙해지면 친구들을 초대해 함께 차를 마시며 조용한 시간을 가지세요. 다도가 불러일으키는 평온한 느낌을 더 깊게 누리고 싶다면 여러 종류의 차를 활용해 보세요. 녹차는 진정 효과가 있고, 감초차는 부신의 기능을 도와 스트레스를 감소시킵니다. 페퍼민트차와 생강차는 소화 기관과 위장을 진정시키는 데 탁월하답니다.

202

몸이 아프다면 제대로 회복하는 시간을 가지세요. 직장을 쉬고 잠시 시간을 갖거나 계획을 취소하더라도 말이에요. 다른 사람들에게 지장을 주더라도 죄책감을 느끼지 마세요. 다른 사람을 챙기기 위해서는 자신부터 돌볼 필요가 있습니다.

203

아로마 테라피스트를 찾아가 보세요. 아로마 테라피 전문가는 스트레스와 관련된 정서적, 신체적 증상들을 완화하기 위해 농축된 식물성 에센셜 오일을 사용합니다. 단독 혹은 섞어서 마사지, 찜질, 목욕 등에 활용할 수 있어요. 나만의 특별한 에센셜 오일을 시도해 보는 것도 좋습니다. 휴식에 매우 좋거든요. 신선한 과일 향이 나는 캐모마일 오일은 마음을 가라앉히는 한편 민감성 피부를 진정시킵니다. 달콤한 향의 재스민 오일은 항우울제 작용을 해 산후 우울증 치료에 특히 효과적이에요. 라벤더 오일은 산뜻한 향이 나고 살균과 진통, 진정 성분이 있어 두통과 불면증, 우울증을 치료하는 데 사용할 수 있습니다. 달콤한 향이 나는 페티그레인 오일은 진정 작용이 있으며 불안감과 불면증을 치료할 수 있어요. 이국적인 일랑일랑 오일은 항우울, 진정, 살균 효과가 있고 불안감을 달래는 데 유용합니다. 이처럼 다양한 오일로 마사지를 하거나 욕조 혹은 베개 위에 몇 방울 뿌려 보세요. 오일 버너를 활용해 침실을 좋은 향기로 가득 채워 보는 것도 좋습니다.

204

건강을 돌보는 것이 중요해요. 서구권의 나라에서는 일단 질병에 걸리면 희생이 따를 수밖에 없다고 생각하는 경향이 있습니다. 질병이 우리를 공격하면 스스로를 방어하기 위해 할 수 있는 일이 없다고 생각하는 것이죠. 하지만 사실은 건강을 돌보기 위해 많은 일을 할 수 있습니다. 우리는 때때로 몸이 쉴 수 있는 수면을 줄이고, 무분별하게 정크 푸드를 섭취합니다. 담배와 술로 몸을 오염시키는 것은 물론 운동을 게을리해서 몸이 고장나는 것을 지켜만 봅니다. 건강을 개선하려면 신체를 혹사하는 것들을 줄이고 생활 습관들을 바꾸려고 노력하는 일이 중요해요. 전문가에게 정기적으로 진단을 받는 것도 좋은 방법입니다. 그것이 현대 의학이든 민간요법이든 크게 중요하지 않습니다. 건강상의 문제들이 진행되기 전에 일찍 발견하는 것이 중요해요. 주기적으로 건강 검진을 받는 일이 과하다고 느껴진다면 당신의 자동차가 일 년에 한차례 점검받는 것을 떠올려 보세요. 당신의 몸도 이처럼 돌볼 필요가 있습니다. 정기적으로 안과와 치과에 방문하세요. 컴퓨터로 작업하는 시간이 많다면 시력 검사를 받는 것도 필요합니다. 컴퓨터 화면을 보는 일이 눈에 부담을 주니까요. 치과에 방문해 정기 검진을 받는 일은 충치와 잇몸병을 예방하고 치아 착색 현상을 최소화할 거예요.

205

나의 체내 시계를 파악하세요. 우리는 모두 에너지가 강력하거나 저조해지는 자연적 주기를 가지고 있습니다. 신체적 특성을 인식하고 에너지를 많이 소모하는 일과 적게 소모하는 일을 구별해 적절한 시간에 수행하면 하루를 더욱 효율적으로 보낼 수 있답니다. 창의적이고 실용적으로 시간을 활용하는 방법이에요.

206

　　겨울철에 찾아오는 우울감을 극복하세요. 수개월 이어지는 겨울의 어두움은 피로감과 신경과민, 주의력 저하 같은 증상을 유발합니다. 이런 증상들은 계절성 우울증의 일환으로, 햇빛을 쬐는 시간이 부족할 때 발생하는 호르몬 불균형 현상이에요. 이를 치료하기 위해서는 실내에 백열등을 설치하거나 1시간 이상의 야외 활동을 하는 것이 좋습니다.

207

호르몬의 자연스러운 균형 상태를 유지하세요. 콩과 두부, 고구마, 브로콜리, 콜리플라워, 방울양배추에는 여성 호르몬인 에스트로겐이 풍부합니다. 이를 섭취하면 감정의 기복이나 두통, 부종처럼 매달 여성을 괴롭히는 월경 전 증후군의 증상을 이겨 내는 데 도움이 될 거예요. 생리가 시작되기 전, 프레첼이나 소금에 절인 땅콩, 가공육 같은 고염분 식품은 줄이고 간이 에스트로겐을 처리하도록 도움을 주는 비타민 B 복합체를 섭취하세요. 긴장을 완화하고 평온하게 만드는 비타민 E와 칼슘, 마그네슘, 그리고 가슴의 통증을 줄여 주는 감마리놀렌산을 섭취하는 것도 좋아요. 달맞이꽃유에는 감마리놀렌산이 풍부하답니다.

평화로운 집

208~215	빛과 그늘, 그리고 색채
216~225	구석구석 관리하기
226~231	긍정 에너지
232~238	쾌적한 집
239~244	자연
245~250	이웃

208

거울을 활용해 집 안에 활기를 불어넣는 빛을 극대화해 보세요. 빛은 신체의 활력과 정신적 각성을 촉진합니다. 빛이 없으면 피로감과 우울증, 신경과민 같은 비타민 D 결핍증이 생길 수 있어요. 적절한 위치에 거울을 두어 어두운 구석을 밝히면 좋아요. 간혹 거울에 비치는 자신의 모습을 부담스럽게 느끼는 분들도 있죠. 이는 거울의 각도를 아래로 향하게 조절함으로써 손쉽게 해결할 수 있어요. 혹은 두 눈보다 더 높거나 낮은 위치에 거울을 두어 시선을 피하면 됩니다. 아니면 거울 앞에 화분을 두는 것도 좋아요. 이렇게 하면 빛이 분산되는 동시에 마구 반사되는 것을 막을 수 있어요. 거울 앞에 식물을 두면 식물의 영향력을 배가시키는 장점도 있답니다. 접히는 거울을 사용하면 효과가 더욱 커지죠.

209

햇빛이 가득한 날에는 볕이 방 안을 지나가는 경로를 따라가세요. 햇빛이 창문을 통과해 비치는 각도에 따라 어떻게 변화하는지 바라보세요. 일상적이고 계절적인 변화를 최대한 활용하는 실내 인테리어를 구상해 보는 것은 어떨까요? 자연 채광의 순환은 집을 평화롭게 만드는 요소 중 하나랍니다.

210

 커튼이나 가리개로 빛을 적당히 분산시켜 부드럽게 만드세요. 거실이나 주방 등의 공간을 활용하세요. 고요하고 신비한 느낌이 드는 아름다운 분위기를 조성할 수 있습니다. 대신, 침실 등의 다른 방은 은밀하고 편안한 분위기를 위해 도톰한 가림막이나 덧문으로 햇빛을 완벽히 차단하는 것이 좋아요.

211

 조명을 활용하세요. 꼭 하나일 필요는 없어요. 여러 개의 조명을 모든 방의 각기 다른 높이에 설치해 보세요. 다양한 조명을 조합하는 것도 좋습니다. 의자와 탁자 주변에 여러 조명을 두거나 업무를 위한 좋은 조명, 편안한 분위기를 조성하는 조명을 마련해 보세요.

212

촛불을 통해 명상에 집중할 수 있는 분위기를 조성해 보세요. 부드럽게 빛을 비춰 주는 특별한 촛대를 찾아보는 것도 좋아요. 물이 가득 담긴 장식용 그릇에 촛불을 띄워 신비롭고 부드러운 분위기를 만들 수도 있어요. 다만, 촛불을 그냥 방치하지는 마세요. 주변에 타는 물건이나 기타 사물이 없는지 꼼꼼히 확인하세요.

213

색채가 자아내는 분위기와 의미를 되새기며 활용해 보세요. 시원한 색상은 차분하게 진정시키는 느낌을 주고, 따뜻한 색상은 자극적인 느낌을 줍니다. 색과 관련된 심리적, 정신적 의미를 생각하세요.

빨간색은 불을 연상하게 합니다. 방 한쪽에 붉은색으로 이루어진 공간이 있다면 불타오르는 난로를 대신할 수도 있어요.

주황색은 정신적인 것과 연관되어 있어 명상가들이 활용하면 좋습니다.

노란색은 햇빛을 연상시켜 긍정적인 마음을 불러일으킵니다.

초록색은 우리를 자연과 연결하고, 조화로움을 느낄 수 있게 합니다.

파란색은 고요한 하늘의 색상이며, 개방성과 자유로움, 평온을 나타냅니다.

남색은 깊은 바다를 연상시키며, 실내에 사용할 경우 신비로움을 자아냅니다.

보라색은 '내면의 눈', 즉 영적인 시야의 중심을 상징하며 내면을 탐구할 수 있도록 인도합니다.

214

색을 섞어 조화롭게 만들어 보세요. 어울리는 톤의 색상들, 혹은 다른 톤의 근접한 계열의 색상을 섞어 써 보세요. 황백색이나 크림색, 옅은 노란색, 회색 같은 중간 색상은 선명한 색채의 빛을 상쇄하면서 은은한 배경을 제공하죠. 색채 감각에 자신이 없다면 중간 색상을 활용해 안전한 선택을 하세요.

215

패턴을 활용할 때는 조심하세요. 다양한 패턴을 지나치게 많이 사용하면 서로 충돌하여 조화롭지 못할 수 있어요. 반면, 풍부한 느낌의 패턴은 옛날 스타일을 떠올리게 해 평온한 분위기를 만들어 낼 수도 있죠. 수많은 패턴의 기원은 대부분 동양에서 찾을 수 있어요. 동양적인 디자인의 카펫을 떠올려 보세요. 휴식을 취할 수 있는 편안한 분위기를 조성할 거예요.

216

　　잡동사니를 청소하세요. 옷장과 서랍, 찬장을 정돈하고 쌓인 쓰레기를 내버리는 일은 필요로 하는 소중한 것들이 숨 쉬도록 만들 거예요. 무엇보다, 숨겨진 장소에도 질서가 있다는 사실을 알게 될 거예요. 당신 안에서 빛나는 영혼처럼 말이죠.

217

　기부를 해 보세요. 중고 가게나 복지 시설에 기부하는 것은 어떨까요? 정리는 물론 다른 사람들에게 도움을 줄 수 있답니다. 옷에 구멍 난 곳이 있다면 수선을 하고, 떨어진 단추가 있으면 다른 것으로 바꿔 달아요. 깨끗하게 세탁하는 것은 기본이죠. 남을 생각하는 이 모든 행동이 당신이 내놓는 기부 물품의 가치를 높여 줄 거예요.

218

집안일을 하며 감각을 열어 보세요. 집안일을 일종의 명상 활동으로 바꾸는 거예요. 널었던 옷을 걷어 한 장씩 개키면서 따뜻한 천의 느낌과 상쾌한 향기를 즐기세요. 섬세하게 주의를 기울이고 정돈하다 보면 일이 끝날 무렵 평화롭게 휴식하는 느낌을 발견하게 될 거예요.

219

필요하다면 고쳐 쓰세요. 특히 옷에 해당되는 이야기입니다. 오늘날 우리는 그냥 쓰고 버리는 문화 속에 살고 있어요. 사소한 흠마저 참기 싫어하는 것이죠. 보다 여유 있는 태도로, 완전하지는 않더라도 제대로 기능하는 물건에 만족하는 마음을 가져요.

220

미루었던 사소한 일들을 해결하는 날을 가져요. 미뤄 두었던 집안일을 하는 것도 좋아요. 하루에 몇 개라도 작은 일을 해치우면 스스로에 대한 긍정적인 마음을 키울 수 있을 거예요.

221

페인트를 칠하세요. 이곳저곳의 흠과 자국들을 관리하는 데 시간을 보내다 보면 집 안의 풍경이 좋아질 뿐 아니라 마음의 평화를 북돋게 될 거예요. 평소 좋아하는 색의 페인트를 골라 보는 것은 어떨까요?

222

옷의 주름을 펴세요. 구겨진 옷을 다리는 재미없는 일상의 일조차 하나의 운동이 될 수 있어요. 다림질하면서 옷의 구김이 풀기 힘든 삶의 문제들이라고 생각해 보세요. 주름을 하나하나 펴는 동안 이런 걱정거리들이 하나씩 무뎌질 거라고 상상해요.

223

 창문을 닦아 보세요. 유리창 위의 얼룩과 자국들은 사소한 것이지만, 당신과 바깥세상 사이에 끼어들어 알게 모르게 스트레스를 주기도 합니다. 고무 롤러나 종이 타월을 활용해 창문 전용 세제로 닦아 보세요. 창의 안쪽은 위아래 방향으로, 바깥쪽은 좌우 방향으로 닦아요. 청소하다가 생기는 자국을 보면 유리창의 어느 면이 더러운 것인지 알 수 있답니다.

224

차를 조심히 다루세요. 자동차를 깨끗하고 말끔하게 유지하는 것은 사소한 일처럼 느껴질지도 몰라요. 하지만 운전을 하며 보내는 시간을 생각해 보세요. 차를 집 안의 넘치는 잡동사니를 나르는 쓰레기장처럼 취급하는 것보다는 휴식을 가져다주는 공간으로 만들 수 있는 방법이랍니다. 차의 내부도 중요하게 생각해 주세요. 정기적으로 서비스를 받는 것도 좋아요. 사이드 미러가 부서지는 등 자그마한 사고가 났다면, 크게 신경 쓰이지 않더라도 되도록 빨리 수리하세요.

225

가구를 새롭게 배치해 보세요. 집 안의 익숙한 공간을 다시 배치함으로써 길들여진 습관을 바꿔 보는 거예요. 시간을 들여 더 좋은 가구 배치를 생각해 보는 것은 어때요? 집 안의 가구들을 보다 편하게 쓸 수 있을지도 몰라요.

226

현관과 복도, 계단처럼 순환이 일어나는 곳은 신체를 통과하며 기를 운반하는 에너지와 같습니다. 에너지가 자연스럽게 흐르려면 이곳이 막힘없이 깨끗하게 유지되어야 해요. 집 안에 이런 공간이 있다면 잡동사니가 쌓이지 않도록 하고, 너무 큰 가구를 두는 것도 삼가면 좋아요.

227

방의 한가운데는 깨끗하게 비워 널찍하게 쓰세요. 에너지로 가득한 느낌을 받을 수 있죠. 고대 인도에는 '바스투 비드야Vastu Vidya'라는 건축과 배치에 관한 전통이 있다고 해요. 방의 중심부에 가구가 놓이면 공간을 통과하는 에너지 '프라나prana'의 흐름을 방해한다고 합니다.

228

　식탁을 바꾸어 보세요. 고대 인도를 중심으로 발전한 브라만교의 경전 '베다veda'에는 식탁의 형태가 방 분위기에 영향을 미친다고 나와 있어요. 사각형이나 직사각형은 땅의 원소를 나타냅니다. 원형은 물의 원소를 의미해 생기 넘치는 활력을 불어넣죠. 식탁을 바꾸기가 쉽지는 않겠지만 각각 어떤 의미가 있는지 알아두면 좋을 거예요.

229

침대의 머리 방향이 남쪽을 바라보게 배치하세요. 인도의 전통인 바스투 비드야에 의하면 신체는 마치 자석처럼 전자기장을 가지고 있다고 해요. 머리는 북극으로 여겨지죠. 신체를 지구의 전자기장에 맞추는 일은 깊은 잠을 부릅니다. 반대의 극끼리는 서로 끌어당기므로 머리가 남극을 향하도록 침대를 배치하는 것이 좋답니다.

230

집 안에 수정을 가져다 두세요. 수정은 부정적인 기운을 흡수하며 행복하고 조화로운 분위기를 자아냅니다. 잘 다듬어진 것보다는 거칠게 다듬어진 것이 좋아요. 집 안에 두기 전, 물이 든 그릇에 24시간 동안 담가 바깥에 두세요. 수정을 씻어 내고 재활성화하는 효과가 있습니다. 한 달에 한 번이면 적당해요. 수정은 땅에서 비롯된 아름다움이라는 매력이 있어요. 영혼이 육신을 초월한다는 의미와 더불어 우리 모두에게 존재하는 변화의 가능성을 나타내는 효과가 있습니다. 가장 인기 있는 수정의 종류를 소개할게요.

백수정 클리어 쿼츠clear quartz, 락 크리스털rock crystal 이라고도 부르는 백수정은 우리의 기분을 더 가볍고 즐겁게 만듭니다.

사금석 어벤츄린 쿼츠aventurine quartz라고도 부르는 아름다운 초록색 광물은 복잡한 생각을 정화하고 감정을 순화합니다.

장미 수정 로즈 쿼츠rose quartz라고도 부르는 장미 수정은 사랑과 관련된 정서를 부드럽게 만듭니다.

황색 방해석 옐로 칼사이트yellow calcite라고도 부르며, 우울증 해소에 도움을 주고 내면의 힘과 평화를 가져다줍니다.

231

해를 끼치는 벌레가 아니라면 살려 두세요. 집에 들어온 벌레를 무분별하게 죽이지 말아요. 돈을 훔치러 들어온 것도 아니잖아요! 자연의 만물이 내 영역을 침범하더라도 조금은 존중하는 마음을 가져 보세요.

232

 살고 있는 집에 이름을 지어 주세요. 긍정적인 이미지를 연상시키는 이름이 좋습니다. 평온함이나 힘, 영감이 함축된 이름 말이에요. 그 이름이 가져다주는 미묘한 분위기는 집으로 돌아오는 당신을 매일 반겨줄 거예요.

233

집 안에서 슬리퍼를 신어요. 현관에 두어 집 안에 들어올 때 신도록 하세요. 각각의 방을 위해 서로 다른 슬리퍼를 비치하는 것도 좋아요. 바닥 표면을 소중히 함으로써 집을 존중할 수 있습니다.

234

현관 입구에 평온의 상징을 걸어 두세요. 집에 올 때마다 긴장을 풀 수 있을 거예요. 한자가 새겨진 명판이나 비둘기 이미지를 걸어 두어도 좋습니다. 지나갈 때마다 그것을 바라보며 마음을 다잡으세요. 통로에 장수의 상징을 거는 건 어떨까요? 대표적으로 '천년학'이라고도 불리는 두루미나 불 속에서 되살아난다는 불사조가 있어요. 혹은 잉어나 토끼, 코끼리, 사슴, 황새, 두꺼비, 거북이, 복숭아 등이 있죠. 초록색을 띠는 옥이나 풍요의 상징인 석류, '풍요의 뿔'이라 불리는 코르누코피아cornucopia도 좋아요.

235

곡선을 활용해 방 안의 분위기를 부드럽게 만들어 보세요. 곡선은 각이 진 모양에 비해 시각적으로 더 부드러운 느낌을 줍니다. 활용할 수 있는 곡선에는 2차원과 3차원이 있어요. 천과 벽지의 무늬는 2차원의 곡선, 소용돌이 모양으로 장식된 다리의 둥근 테이블은 3차원의 곡선이죠.

236

계절을 느끼세요. 시간의 흐름을 느낄 수 있는 식물과 꽃들을 활용해 변화하는 계절을 느끼는 거예요. 촛불이나 향기를 활용해도 좋아요. 계절에 맞는 분위기와 느낌을 집 안으로 들이세요. 봄은 신선하면서 부드럽고, 여름은 맹렬하고 밝죠. 가을은 쓸쓸하지만 풍요롭고, 겨울은 무겁고도 거칠어요.

237

 가끔은 말소리 자체에 집중해 보세요. 라디오 볼륨을 줄이고 말하는 내용보다는 소리 그 자체를 느끼는 거예요. 볼륨을 낮춰 조용한 환경을 만들고, 달래는 듯한 속삭임에 귀 기울여 보세요.

238

조각보를 만들어 보세요. 아버지가 입던 체크 셔츠나 애용하던 쿠션 커버 등 당신에게 특별한 의미가 있는 천 조각들을 이용해 사랑이 담긴 조각보를 만들어요. 바느질을 하는 동안 즉흥적으로 조합된 알록달록한 색채에 즐거움을 느끼고, 지나간 일을 기념하고 싶은 마음을 합쳐 휴식을 만끽하는 거예요. 조각보가 완성되면 매일 행복한 기억에 둘러싸여 포근한 밤을 보낼 수 있을 거예요.

239

씨앗이나 묘목 등의 어린 식물을 심어 보세요. 화분과 마당을 단지 잡초 제거와 가지치기 등의 끊임없는 관리가 필요한 대상으로 치부하던 것에서 벗어날 수 있을 거예요. 당신의 손길이 닿은 생명이 성숙해 가면서 자라나는 모습을 보는 것은 인간이 가질 수 있는 특권 가운데 하나입니다. 또한, 이렇게 자라나는 것들에 영양분을 공급하는 과정에서 혼란스러운 마음을 고요하게 만드는 법을 배우게 될 거예요.

240

작은 모래 상자 안에 여러 개의 돌을 예쁘게 놓아 나만의 정원을 만들어 보세요. 돌 주변에 모래를 끌어모아 아름다운 풍경처럼 만들고 그 모습을 감상하는 거예요. 모래 대신 자갈을 써도 좋아요. 아니면 얕은 용기를 활용해 주방 창턱 위에 놓을 실내 정원을 만드는 것은 어떨까요? 오래된 포크로 모래를 긁어모으는 거예요.

241

　　나만의 채소를 길러 보세요. 두 가지의 즐거움이 생길 거예요. 내가 먹을 음식을 직접 기를 수 있다는 즐거움과 가족과 친구, 이웃에게 남는 채소를 나누어 줄 수 있다는 기쁨이죠.

242

나무를 심어 보세요. 결과를 얻기 위해 인내해야 하는 일들은 우리의 마음을 건강하게 만듭니다. 심지어 우리의 일생보다 더 오랜 시간이 걸릴지도 몰라요. 나무를 심을 마땅한 공간이 없다면 나무 심기 봉사 활동을 신청해 보세요. 지역의 공원 관리 부서나 산림청에 연락해 관련 프로그램을 찾아보는 것도 좋습니다.

243

집 주변에 새들을 위한 먹이통을 만들어 보세요. 겨울철에 고양이와 맹금류들을 피해 모이를 먹을 수 있도록 돕는 거예요. 추운 계절에 도움이 필요한 야생 동물들을 돕는 일은 아주 훌륭한 일입니다. 만일 고양이 한 마리가 새를 잡아먹더라도 너무 미워하지는 마세요. 고양이라는 동물은 그것이 본능이니까요! 새가 목욕할 수 있는 장소를 마련해 물과 함께 활기차게 노는 장면을 관찰해 보는 것은 어떨까요?

244

마당이나 실내에 독특한 휴식 공간을 만들어요. 나무로 소박하게 만든 정자 위에 잘 자라나는 덩굴 식물을 늘어지게 키우는 것도 좋죠. 그 식물에서 향긋한 향기가 난다면 더 좋을 거예요. 무더운 여름 동안 그늘 아래에 작은 의자를 놓고 소소한 휴식의 공간을 만드는 것은 어떨까요?

245

이웃과 대화를 나누고 서로 도와요. 서로 돕는 하나의 공동체를 만드는 거예요. 친밀한 이웃 관계는 어려운 문제들을 효과적으로 풀어 나갈 가능성을 제공합니다. 택배를 대신 받아 주거나 화단의 식물에 물을 주는 등등 작지만 커다란 힘이 될 거예요.

246

이웃 사람과 중고 거래를 해 보세요. 필요 없는 물건을 팔거나 다른 사람의 물건을 저렴하게 구매한다면 마음의 부담을 조금 덜 수 있을 거예요.

247

집 근처에 새로 이사 온 사람들을 반겨 주세요. 당신이 무엇을 도울 수 있을지 물어보는 거예요. 이사를 축하하는 깜짝 선물로 그들을 놀라게 해 보세요. 베푸는 것의 기쁨을 느낄 수 있어요.

248

집으로 가는 길에 익숙하지 않은 곳으로 돌아가 보세요. 판에 박힌 일상에 작은 변화를 주기 위해서 말이에요. 내가 사는 지역을 더 자세히 살펴보거나 여가를 즐길 색다른 장소를 발견할지 몰라요.

249

봄철의 꽃봉오리들을 바라보세요. 피어나는 벚꽃나무 아래에서 소풍을 즐기며 봄의 시작을 기념하는 취미를 갖는 거예요. 친구와 함께 허브차를 음미해 보면 어떨까요? 꽃봉오리에 관한 시 한 편을 지어 보세요. 봄과 여름의 빛나는 장면들을 감상해 봐요. 따뜻한 봄날, 일주일간 목련 여행을 떠날 수도 있어요. 목련은 활짝 만개하는 하얀색의 꽃들로 아주 아름답죠. 가을에는 가을의 색채를 즐겨요. 유명한 시인이 된 것처럼 가을에 관한 시를 써 보는 것도 좋아요.

250

우리 동네의 전문가가 되어 보세요. 내가 사는 동네나 거리의 역사에서 휴식을 주는 매력을 발견하는 거예요. 친구들을 초대해 매력적인 장소를 소개하는 것은 어떨까요?

일과 쉼

| 251~254 | 나만의 공간 |

| 255~262 | 일 잘하기 |

| 263~269 | 나와 직장 동료들 |

| 270~276 | 부담감 내려놓기 |

251

　매일 저녁 책상을 정리하세요. 서류와 필기구, 기타 물품들을 적당한 곳에 치우고 정돈합니다. 필기한 메모들은 오래 보관할 수 있는 장소로 옮겨요. 아마 가장 하기 싫은 일일지도 몰라요. 하지만 이런 정리는 다음 날 아침 맑은 정신으로 일을 시작하는 데 분명 도움이 될 거예요. 점심을 먹기 전에 청소하는 것 역시 이러한 정리의 연장선에 있습니다. 오후 시간을 미리 준비할 수 있을 뿐만 아니라 정리가 되지 않아 사소한 업무를 놓치는 것을 방지하는 장점이 있답니다.

252

회사에서 식물을 키워 보세요. 필요하다면 특별히 하나를 장만하는 것도 좋아요. 죽은 잎사귀를 정리하거나 물을 줄 필요가 있지 않은지 매일 살펴보세요. 생각보다 회사에서 작은 식물을 키우는 사람이 많답니다. 이렇게 식물을 돌보기 시작하면 그 보살핌의 영향력이 다른 사람들에게 전파되는 것을 알게 될 거예요.

253

책상 위에 과일 그릇을 놓아 보세요. 세 가지의 장점이 있답니다. 건강한 간식과 짧은 휴식을 즐길 수 있는 작은 풍경, 당신과 함께 토론이나 간단한 모임을 하기 위해 잠시 들르는 동료들을 위한 작지만 넉넉한 인심의 선물이 될 수 있어요.

254

재미있거나 뜬금없는 물건을 책상 위에 올려놓아 보세요. 인생에는 업무 스트레스보다 더 많은 것들이 존재한답니다. 이런 사실을 상기하며 잠깐의 웃는 시간을 가질 수 있을 거예요.

255

하루하루를 소중히 여겨요. 따분한 일상은 때로 우리를 우울하게 만들지만, 이를 지루하다고 생각하는 것보다는 그 일상에 몸을 던지는 편이 더 좋습니다. 매일 반복되는 일상은 우리에게 안정감을 주며 꿈을 실현할 수 있는 튼튼한 바탕이 될 거예요.

256

하루 한 페이지를 기록하는 수첩을 만들어 보세요. 기억해야 하는 여러 세부 사항들을 기록해요. 시간이 흘러 그 정보를 찾아보고 싶을 때는 그 기록을 언제 작성했는지를 대략 생각해 해당 내용을 발견할 때까지 수첩을 훑어보면 됩니다. 대강의 기록만으로 충분하다면 프린트해서 다른 메모와 편지들 사이에 보관하는 것보다 이렇게 정리하는 편이 더 빠르답니다.

257

일에 우선순위를 매기세요. 즉시 처리할 수 없는 일은 미루어 두거나 포기함으로써 과도한 업무 부담에서 벗어날 수 있습니다. 혹은 다른 사람에게 위임할 수도 있죠. 직접 해야 하지만 그다지 급하지 않은 일들은 잠시 미루어 두세요. 회사에서는 일을 연기하는 것이 업무의 우선순위를 정하는 것이기도 합니다. 복잡한 일들을 효율적으로 처리하도록 도와줄 거예요.

258

'애매한 서류 상자'를 만드세요. 계속해서 보관해야 하는지 확신이 서지 않는 서류들을 상자 속에 보관하고 정기적으로 깨끗이 비우세요. 이렇게 하면 정말 필요한 서류가 어떤 것인지 결정할 시간을 확보할 수 있습니다. 또한 모든 서류를 보관할 필요는 없다는 것을 깨달을 수 있어요. 중요한 무언가를 실수로 버릴 위험에서 자유로워질 수도 있죠.

259

하기 싫은 일을 매일 한 가지씩 처리하세요. 모든 업무에는 따분하거나 달갑지 않은 측면이 있기 마련입니다. 싫어하는 일을 모두 미루기보다는 그들 가운데 하나를 처리함으로써 업무 부담을 분산시키세요. 불쾌한 업무가 밀리면서 느껴지는 양심의 가책을 피할 수 있답니다.

260

너무 완벽할 필요는 없습니다. 작은 과제들은 적당한 수준으로 완성해도 좋아요. 과도한 업무에 압도되었다고 느낀다면 너무 완벽하게 하려고 애쓰지 말아요. 작은 일을 적당히 함으로써 더욱 중요한 일들에 집중하고 완성도를 높일 수 있을 거예요.

261

스스로에게 작은 마감 시간을 부여하세요. 이메일을 관리하거나 밀린 일을 처리하는 등 해야 할 일을 완료하기 위한 작은 시한을 매일 설정하는 거예요.

262

실수와 새로운 발견에 관한 기록을 남기세요. 어려운 과제를 처음으로 수행할 때 특히 좋습니다. 그 일을 다시 해야 할 때 같은 실수를 되풀이하는 것을 방지하고 더 나은 결정을 할 수 있죠.

263

회사에서 진정한 자신을 드러내세요. 직장에서 모든 감정을 자유롭게 표출하는 것은 삼가야 하지만, 그렇다고 해서 진정한 나의 모습을 숨기라는 의미는 아닙니다. 당신이 느끼는 감정에 대해 정직하세요. 일할 때는 진정한 자아를 발휘해 당면한 일에 최선을 다하고 집중하는 모습을 동료들에게 보여 주세요.

264

감정의 대상을 명확히 하세요. '전이 현상'을 인식하는 거예요. 심리학자들이 설명하는 전이란, 아무 잘못이 없는 가까운 대상에게 특정한 감정을 투영하는 것을 말합니다. 직장에서 이를 보여 주는 가장 흔한 사례는 자신의 상사에 대한 감정을 부하직원에게 돌리는 것입니다. 자신의 감정을 다른 사람에게 전이하고 있다는 사실을 정확하게 인식하는 것이 이런 일을 방지하는 데 필요한 첫 번째 단계입니다.

265

비판을 두려워하지 마세요. 마치 낯선 이와 대화를 하는 것처럼 비판과 이야기를 나누어 보는 거예요. 비판과 공유할 수 있는 무언가가 있지는 않은가요? 공통된 토대를 구축함으로써 현재 당신이 하는 일을 개선하는 데 이용하세요. 비판을 개인적인 모욕으로 취급하고 과도하게 거부하면 분노와 긴장감이 생겨날 거예요. 좋은 피드백을 받아들이는 것도 어려워질 수 있습니다.

266

당신의 실수를 통해 다른 사람들이 배울 수 있도록 하세요. 자신만 배우는 것에 그치지 마세요. 직원들이 질책당할 두려움 없이 실수를 보고하도록 격려하는 것은 직장 문화를 개선하는 시작이 됩니다. 그리고 직원들이 자신들의 경험을 집대성할 수 있게 함으로써 모두가 서로의 잘못된 판단들에서 무언가를 배울 수 있을 거예요. 이로써 더욱 효율적인 일터로 거듭나는 계기가 될 수 있습니다.

267

다른 이들의 생활에 관심을 보이세요. 이런 태도는 사람들을 단지 그들의 역할로만 바라보는 함정에 빠지지 않게 도울 거예요. 기억하세요. 모두가 당신을 놀라게 할 능력 하나쯤은 가지고 있답니다!

268

은혜를 베푸세요. 함께 일하는 사람들을 너무나 친숙하게 여겨 당연하다고 생각할 수도 있어요. 그리고 때로는 좋은 관계를 형성할 수 있는 예의를 생략하고는 하죠. 매너를 잊지 않도록 해요. 타인을 품위 있게 존중하면 그들이 활짝 피어나는 모습을 보게 될 거예요.

269

회사에서 사회적인 역할을 자처하세요. 응급처치 강의를 하거나 동료들을 모아 영화 모임을 가지는 것 등이 있죠. 이런 활동들은 직업적인 맥락뿐 아니라 사회적 차원에서 동료들과 관계 맺을 수 있도록 하고, 이를 통해 직장의 분위기를 친밀하게 만들 수 있어요. 동료 직원들 간에 일어날 수 있는 분열을 방지하는 효과도 있습니다.

270

눈을 쉬게 하세요. 컴퓨터로 작업을 할 때는 10분마다 눈의 휴식을 취하세요. 실내를 둘러보거나 더욱 먼 거리에 눈이 적응할 수 있도록 노력하는 거예요.

271

 손가락을 맞잡고 머리 위로 양팔을 올려 스트레칭하세요. 사무실에서 빠르게 효과를 볼 수 있는 간단한 스트레칭 방법입니다. 두 발을 모두 바닥 위에 두고, 의자 등받이에 몸을 기대어 위쪽을 향해 몸을 뻗으세요. 약 20초 동안 천천히, 그리고 깊이 호흡하세요.

272

책상 앞에 앉아 몸을 비틀어 보세요. 의자에 앉은 채로 옆쪽을 향하게 숨을 내쉬면서 양손으로 의자 뒤쪽을 잡고 상체를 돌리는 거예요. 이런 자세로 3~6회 호흡을 한 다음, 반대편 옆쪽을 향해 같은 동작을 하세요. 이렇게 부드러운 스트레칭은 오랫동안 같은 자세로 앉아 있어서 발생하는 등 아랫부분의 통증을 완화하는 데 도움을 줍니다. 스트레스를 푸는 데도 효과적이에요.

273

점심시간을 이용해 미술관에 가 보세요. 관람을 하면서 휴식과 만족을 함께 제공하는 그림 하나를 찾아낸 다음 5분 이상 천천히 바라보세요. 시야가 탁 트이는 풍경화일 수도 있고, 차분한 색상의 추상화일 수도 있어요. 초월성을 표현한 종교적 작품이 될 수도 있죠. 집중했던 작품이 담긴 그림엽서를 구입한 다음, 사무실로 돌아와 평화로웠던 시간의 기억을 떠올려 보세요.

274

회사 근처의 공원을 찾아보세요. 점심시간을 이용해 따뜻하고 기분 좋은 시간을 보내는 거예요. 공원의 아름다운 풍경이 철마다 변하는 모습을 관심을 가지고 지켜보세요. 좋아하는 벤치를 골라 함께 앉은 사람과 대화를 나누어 보는 것도 좋아요. 자연의 한가운데에서 두 배로 휴식하는 경험을 해 보세요.

275

회사의 일은 회사에 남겨 두세요. 사무실에 있는 옷걸이에 당신의 역할을 걸어 둔 채 나오는 거예요. 이런 상상은 직장에서의 좌절감을 집으로 가져가기보다는 뒤로하여 사무실에 남길 수 있도록 도와줄 거예요. 집에 가 일을 해야 하더라도 반드시 이렇게 하세요. 옷걸이에 당신의 역할을 걸어 두는 상상은 근무 시간과 일하는 저녁 시간 사이에도 적당한 휴식을 만들어 줄 거예요.

276

일과 휴식의 균형을 맞추어 보세요. 업무를 벗어나 휴식할 수 있는 계획을 명확하게 세우는 거예요. 영화를 보는 시간과 날짜, 공간을 정해 두거나 나만의 규칙적인 여가 활동을 만들어 봐요.

관계와 소통

277~283	베풂과 나눔		
284~289	사랑과 공감		
290~296	책임과 존중	297~302	불화
		303~311	소통
		312~318	만남

277

 친구를 위한 가로세로 낱말 퀴즈를 만들어 보세요. 퀴즈의 답은 여러분이 친구들에게서 발견하는 훌륭한 자질들로 만드는 거예요. 그들은 퍼즐을 풀면서 또 다른 나를 찾는 동시에 자부심을 느낄 수 있을 거예요.

278

갑작스러운 선물을 해 보세요. 관계에 특별한 가치를 부여할 수 있을 거예요. 느닷없는 깜짝 선물은 종종 주는 사람이나 받는 사람 모두에게 최고의 행복을 가져다줍니다.

279

깜짝파티를 열어 보세요. 배우자나 친구, 가까운 친척에게 대접을 하는 거예요. 세세한 것 하나까지 모두 신경을 쓰세요. 장소와 시간, 필요하다면 드레스 코드를 정하는 것도 좋아요. 선상의 저녁 파티나 색다른 장소에 방문하는 것까지 무엇이든 특별한 파티가 될 수 있습니다. 초대받은 사람들이 귀족과 같은 기분을 느끼게끔 만드세요.

280

당신의 특별한 기술을 남들에게 가르쳐 보세요. 미술이나 수학, 야생 조류 관찰, 댄스, 요가, 요트 타기 등등 무엇이든 상관없어요. 당신이 제공할 수 있는 선물 가운데 이보다 더 대단한 것은 없을 거예요. 이러한 선물에 초보자가 할 수 있는 실수에 대한 인내와 이해심, 관용을 더하면 더할 나위 없죠.

281

낯선 이에게 친절을 베풀어 보세요. 슈퍼마켓에서 장을 보는 어르신을 도와드리는 것은 어떨까요? 아니면 휴가를 다녀오는 길에 평소 왕래가 없던 이웃에게 티셔츠를 선물하는 것도 괜찮을 거예요.

282

헌혈을 하세요. 자그마한 희생을 통해 엄청난 도움을 줄 수 있는 일은 흔치 않답니다. 헌혈을 하면서 자신의 건강함에 감사하고 헌혈을 받는 사람의 신속한 쾌유를 마음속으로 기원하세요. 장기 기증서를 휴대하는 것도 좋습니다. 자신의 신체가 수명을 다한 후에도 다른 사람들의 생명으로 이어질 수 있다는 것은 정말 기분 좋은 일입니다.

283

주머니 속 잔돈을 자선 모금 상자에 넣어 보세요. 당신이 기부한 돈으로 남을 돕는 장면을 잠시 상상해 보세요. 굶주리는 사람들을 위한 빵이 될 수도 있고, 아픈 사람들을 위한 의료 장비가 될 수도 있어요. 동전의 부담에서 해방되고 나면 한결 가벼워진 느낌이 들 것입니다. 짐이 사라진 기분이 들지도 몰라요!

284

가족과 친구들에게 사랑을 베푸세요. 마음 깊은 곳으로부터 발산되는 긍정적인 사랑의 에너지로 보호막을 만들어 사랑하는 사람들을 행복하게 둘러싸는 상상을 해 보세요. 이 사랑의 에너지는 행복과 건강, 안전, 그리고 평화에 관한 커다란 희망을 담고 있습니다. 잠시 동안 마음속으로 상상을 하세요. 당신의 인간관계 속에서 가능한 많은 것들을 실현해 보세요. 사랑하는 지인들에게 행복과 건강, 안전, 평화를 기원하고 더 나아가 별로 친하지 않은 지인, 좋아하지 않는 지인들에게까지 이 모든 것을 기원하세요. 다른 사람들의 안녕을 위해 명상하는 티베트 사람들처럼 말이에요.

285

공감을 명확히 구분하세요. 다른 사람들의 고통을 볼 때마다 그들과 함께 고통을 겪어야 할 것 같은 착각에서 벗어나는 거예요. 그런 식으로는 결코 도움이 되지 않습니다. 그들의 고통으로부터 자신의 감정을 분리하는 대신, 정신적인 측면에서 그들과의 관계를 유지하고 공감하세요. 이렇게 공감을 분리하는 것은 감정이 고갈되는 것을 방지하므로 그들이 도움을 필요로 하는 일에 더욱 집중할 수 있습니다. 이것이 바로 행동하는 공감 능력이랍니다.

286

　　난처한 상황에 있는 사람들의 마음을 편안하게 해 주세요. 난처한 상황에 처하면 정신적인 고통을 받지만, 이는 때때로 아주 쉽게 치유되기도 합니다. 긍정적인 감정을 널리 퍼뜨릴 수 있게 하세요.

287

거리낌 없이 용서하세요. 용서는 영혼의 자연스러운 상태이자 사랑의 꽃을 이루는 꽃잎과도 같습니다. 용서를 할 때는 긍정적인 에너지를 나누어 주게 됩니다. 가장 깊은 곳에서 언제나 감사하는 마음과 긍정적인 마음으로 자리 잡을 거예요.

288

드리시티Drishti를 실천하세요. 산스크리트어로 '시선'을 뜻하는 드리시티는 시선 처리를 통해 의식과 에너지를 모으고 내면을 바라보는 것을 의미합니다. 힌두교에서는 자비심을 나타내기도 하죠. 당신의 두 눈을 통해 다른 사람들에게 자비심의 에너지를 나누어 주세요. 우리의 눈은 미묘한 에너지를 전달하는 창입니다. 그 에너지는 우리가 바라보는 모든 사람과 사물을 감동시키죠. 가족과 친구, 이웃, 동료, 그리고 온 세계에 드리시티를 전달하세요.

289

타인의 내면에 있는 빛에 인사하세요. 인도에서는 마치 기도하듯이 양 손바닥을 앞으로 모으고 "당신의 내면에 있는 빛에 인사합니다"라는 의미의 "나마스테 Namaste"라는 말로 인사하는 전통이 있습니다. 이것은 가장 깊이 있는 존중의 표현이죠. 평범한 인사말이 당신의 존경심을 표현하는 데 부족하다 느낀다면 이를 활용해 보세요. 또 다른 인사말로는 "당신에게 평화를"이라는 뜻의 "피스 투 유 Peace to you"가 있습니다. 이슬람 국가에서는 같은 의미의 "앗살라무 알라이쿰"이라는 인사말을 쓰죠. 하와이 사람들은 신의 사랑이라는 뜻이 담긴 "알로하! Aloha!"라는 말로 활기차게 인사합니다. 한편 태국에는 턱 부근에 양 손바닥을 모으고 존경하는 마음을 담아 인사하는 "와이 wai" 인사법이 있습니다. 이는 특히 연장자를 향한 존경의 표현이에요. 양 볼에 수차례 서로 입맞춤하는 지중해식 전통은 서로 간의 유대감을 확인할 수 있는 방법이기도 합니다. 무엇보다, 고개를 숙이는 인사 방식은 공손한 마음을 나타내는 최고의 표현이죠.

290

남을 탓하지 마세요. '내가 이 감정을 느끼는 것은 타인의 말이나 행동이 아니라 그것을 받아들이는 나의 마음에 있다.'고 생각하는 거예요. 혹은 마음속에 평화를 되새길 수도 있죠. '내 안의 상처를 돌봄으로써 마음의 평화를 찾는다.'라고 말입니다. 아니면 스스로 다짐을 할 수도 있습니다. '남을 탓하는 습관을 버려야지. 그리고 아무런 대가도 바라지 않을 거야.'라고 말이에요.

291

약속은 반드시 지키세요. 약속을 어길 때마다 자신을 향한 신뢰와 책임감을 조금씩 잃게 될 거예요. 말 한마디는 그 자체가 진지한 약속입니다. 사소한 문제에서도 마찬가지예요. 만약 상황에 따라 더 유연하게 대처해야 한다면 정정할 수 없는 약속은 하지 마세요. 보다 느슨하게 합의를 보거나 협상하는 편이 더 좋을지도 몰라요.

292

 감사하는 태도를 기르세요. 과거에 당연시했던 일에 관해서도 말이에요. 우리가 먹는 음식조차도 감사한 선물입니다. 우리가 이미 많은 것을 소유하고 있다는 깨달음은 감사로부터 비롯됩니다. 충분히 많은 것을 소유하고 있다는 사실을 깨달을 때 비로소 버릴 수 있어요. 그리고 그렇게 함으로써 더 많은 것을 받아들일 수 있죠.

293

　좋은 사람을 많이 만나세요. 예리한 사고를 갖추었거나 유식하고 견문이 넓은, 혹은 기량이 뛰어난 사람을 만나고 그와 함께 보내는 시간이 특권임을 잊지 마세요. 다만 그들을 우월한 존재로 생각하거나 기죽을 필요는 없습니다. 그들을 만나는 것이 행운이기는 하지만, 받는 것만큼 많은 것을 줄 수 있다는 사실을 기억하세요.

294

겸손하고도 무심한 태도를 보이세요. 르네상스 시대의 이탈리아인들은 '스프레차투라Sprezzatura'라는 가치를 중요시했다고 합니다. '무심한 듯하지만 세심하게, 유유자적하면서도 능란하게'라는 의미이죠. 사려 깊고 겸손한 무심함으로 자신의 안락과 편의를 중시하지 않는 태도입니다. 예를 들어, 저녁 무렵 집에 찾아오기로 한 친구를 위해 온종일 식사를 준비했다고 상상해 보세요. 그런데 친구가 당신의 집에 도착하자마자 이미 식사를 했다고 말하며 술 한잔하러 가지 않겠느냐고 말해요. 어떻게 해야 할까요? 당신은 기꺼이 그 의견에 동의해요. 힘들여서 식사를 준비한 일에 대해서는 한마디도 하지 않습니다. 바로 이때 당신은 스프레차투라를 보여 주고 있는 것이에요.

295

다른 사람을 고치려고 하지 마세요. 우리는 때로 다른 이들의 외모나 말투, 의견, 좋아하는 것들을 비롯해 사실상 모든 것들을 고치려고 에너지를 소비합니다. 마치 그들이 책의 내용이고 우리가 편집자인 것처럼 말이에요. 그러지 마세요. 남을 고치려는 태도는 비현실적이고 무의미할 뿐 아니라 자칫 불화로 이어질 가능성도 있답니다.

296

　험담하지 마세요. 처음에는 신뢰를 배신하는 것에서 시작되죠. 말은 전파되는 사이 처음과 다르게 왜곡돼요. 사람들은 흔히 자신이 은밀한 정보를 가지고 있다는 것을 뽐내기 위해 험담을 하고는 합니다. 이는 다른 사람들에게 상처를 주는 결과를 가져옵니다. 본인의 수준을 스스로 낮추지는 말아요.

297

　모든 관계를 보람찬 것으로 여기세요. 관계로부터 자기 자신을 더욱 알아갈 수도 있죠. 당신이 바라는 대로 진행되지 않았던 과거의 관계 때문에 괴로워하지 마세요. 대신 그 사람과의 관계를 통해 무엇을 배웠는지 깊이 생각하세요.

298

　남 탓의 족쇄를 부수세요. 어떤 이들은 서로를 비난하느라 관계에 구속되어 있죠. 이는 두 사람 모두에게 큰 스트레스입니다. 지금까지 당신이 비난해 온 누군가에 대한 부정적인 감정들을 날려 버리세요. 비록 그들의 태도가 적절하지 않더라도 계속해서 긍정적인 자세를 유지하세요. 그들이 변하려면 시간이 좀 더 필요할지도 몰라요. 계속해서 당신에게 악의를 품는다고 해도 문제 될 것이 없죠. 인과응보를 떠올려 보세요. 대가를 기대하지 말고 베풀기로 해요.

299

서로를 향한 비난을 삼가세요. 공개적인 비난이 아니라도 조심해야 합니다. 인간관계에서 약간의 도움이 필요한 때가 오면 서로에 대한 비난을 참았던 지난날에 감사하게 될 거예요. 달리 말하자면 단지 사랑하는 감정을 습관화하세요. 트집을 잡거나 빈정대는 험담은 금기 사항입니다. 이런 규칙을 어기는 쪽은 미리 정해 둔 벌칙이나 벌금을 내는 것도 좋아요. 포옹이나 집안일, 기부 등 다양한 것들이 있죠.

말하는 동안 생각하세요. 만일 자신의 의견이 다른 사람과 다르다는 사실을 발견하거나 심지어 똑같더라도 말이에요. 필요하다면 당신이 정말로 믿고 있는 것이 무엇인지 결정하기 위해 말을 멈추는 것도 좋아요. 이렇게 하려면 약간의 연습이 필요하죠. 논쟁을 하면서 생각하는 것은 힘든 일이니까요. 단지 다른 누군가가 옆에서 빠르게 말한다고 해서 따라갈 필요는 없어요. 그저 평소의 속도대로 말하는 거예요. 어려운 대화를 하고 있다면 깊이 생각할 수 있는 여유를 가지는 것도 좋습니다. 1~2분 동안 대화를 잠시 멈추는 일은 논쟁에서 긴장감을 없앨 수 있는 좋은 방법이랍니다.

301

쉽게 화를 내거나 논쟁하는 태도를 고치세요. 성인군자 같은 인내심과 침묵을 지키는 힘이 만나면 그 무엇에도 영향받지 않을 수 있어요. 이러한 자질들을 내면 깊은 곳으로부터 불러내세요. 상황을 해결할 수 있는 뾰족한 수가 생겨나지는 않아도 뾰족한 것들이 당신을 찌르는 위험으로부터 벗어날 수 있을 거예요.

302

나뭇잎의 멜로디를 느껴 보세요. 두 손을 오므려 형형색색의 낙엽들을 담는다고 상상해 봐요. 다채로운 나뭇잎들은 친구나 동료, 가족, 혹은 당신이 직면한 현재 상황에 대한 복잡한 감정들을 상징합니다. 갑자기 바람이 불어 손에 담긴 나뭇잎들이 모두 날아갔어요. 당신의 발치에 흩어져 있죠. 모든 갈등 상황은 사라지고 자유롭게 새로운 출발을 할 수 있답니다.

303

상대방의 손을 굳게 잡으면서 악수하세요. 지나치게 힘을 주거나 뺄 필요 없어요. 상대방의 두 눈으로 똑바로 보며 손을 붙잡으세요. 가벼운 접촉이 선한 의지를 보여 주는 하나의 방법이 될 수 있을 거예요.

304

다른 사람의 말을 경청하세요. 다른 사람들에게 집중함으로써 그들과 조화를 이룰 수 있을 거예요. 무슨 말을 하는지 적극적으로 경청하세요. 일상적이든 일시적이든 상관없습니다. 모든 관계에 있어 상대의 말을 경청하세요. 그들의 몸짓을 읽으려고 노력해도 좋아요. 몸의 언어 또한 많은 것들을 말할 수 있죠.

305

 함께하는 사람과 과거를 공유해 보세요. 오랜 기간 알아 온 사이일지라도 아직 발견하지 못한 것들이 많을 거예요. 지난 기억을 공유하는 일은 유대감을 강화하는 효과도 있답니다.

306

함께 요리하세요. 누군가와 주방에서 함께 요리하며 시간을 보내는 동안 친밀감을 쌓을 수 있습니다. 동시에 자신의 마음속에 무겁게 자리 잡고 있던 부담을 덜어 낼 좋은 기회이기도 하죠.

307

다른 사람의 말에 대답하기 전에 숨을 크게 들이쉬어 보세요. 단순히 즉각적으로 반응을 보이는 것보다 더욱 적극적으로 소통할 수 있을 거예요. 자신의 의도만을 무심하게 추구하기보다 상대방이 말하는 내용을 충분히 경청하고 이해할 수 있습니다.

308

오랜 친구에게 연락하세요. 이사를 하거나 직장을 옮길 때마다 친구들과 단절되곤 하죠. 보고 싶은 누군가와의 관계를 다시 개선해 보세요. 오랜만에 만나 즐거운 시간을 보낼 수도 있을 거예요.

309

칭찬을 주저하지 마세요. 떠오르는 즉시 표현하는 거예요. 칭찬에 인색하다는 것은 그 사람을 과소평가하는 것과 마찬가지입니다.

310

자신과 대화를 하세요. 우리는 모두 스스로와 대화합니다. 이처럼 깊이 있는 대화를 단 한 사람만이 알고 있는 것이 아깝지 않나요? 훌륭한 생각들이 있다면 숨기지 말아요. 그 생각들을 공유함으로써 유익함을 얻는 사람들도 있을 거예요. 처음에는 조금 어색할지도 모릅니다. 하지만 곧이어 편안하고 친밀한 대화가 이어지는 것을 발견하게 될 거예요. 언제나 그렇듯이 다른 사람들에게 무언가를 주는 일은 많은 선물을 가져다줄 거예요.

311

수화를 배워 보세요. 청각 장애인들을 돕는 봉사를 하는 것도 좋아요. 수화도 훌륭한 의사소통 수단 중의 하나입니다. 의사소통에 어려움을 겪는 사람들을 돕는 것이 얼마나 기분 좋은 일인가요!

312

아침 인사를 건네 보세요. "좋은 아침"이라고 말하는 거예요. 예의를 갖추는 일은 결코 그 가치를 잃지 않는 법이죠. 웃음 띤 얼굴로 인사하면서 밝은 표정을 지어요. 아침을 기분 좋게 시작하지 못하는 사람들은 때때로 이런 인사를 얼버무릴지도 몰라요. 그래도 아침 인사에 진심을 담아 힘차게 건네 봐요.

313

활짝 웃으세요. 비록 기분이 좋지 않더라도 누군가에게 미소를 짓는 일은 기분을 좋게 하는 엔도르핀을 만들어 냅니다. 낯선 사람들을 향해 웃는 연습을 해 보세요. 눈이 마주치는 그 누구라도 상관없어요. 다른 이들에게 보낸 그 웃음이 얼마나 자주 보답으로 돌아오는지 깨닫는다면 놀라게 될 거예요. 활짝 웃으면 내면의 감정들이 영향을 받기도 하죠. 보통은 내면의 것들이 바깥으로 발산되지만, 때로는 외면적인 것이 내면화될 수도 있다는 사실을 기억하세요. 마음의 평화를 가져오기도 한답니다.

314

 낯선 이에게 말을 걸어 보세요. 꼭 사교적인 자리가 아니더라도 처음 보는 사람과 대화할 수 있어요. "낯선 사람이란 없다. 아직 만나지 않은 친구가 있을 뿐이다." 아일랜드에는 이런 속담이 있습니다. 낯선 사람은 아직 만나지 못한 친구랍니다. 낯선 사람을 한 명씩 만날 때마다 함께 아는 지인이나 물건, 가치관 등을 발견하도록 노력하세요. 얼마나 많은 공통점을 발견할 수 있는지 알게 된다면 놀랄지도 몰라요.

315

열린 마음으로 새로운 사람과 장소, 경험을 대하세요. 마음은 낙하산과 같습니다. 활짝 열려 있을 때 더 잘 작동하죠. 당신의 방식은 단지 수많은 방식 가운데 하나일 뿐입니다. 개방적인 마음을 지닌 사람들은 더 많은 것들을 즐기며 이를 헛되이 하지 않을 거예요.

316

좋은 친구를 만나세요. 확실히 우리는 주변 사람의 에너지와 평온함에 영향을 받습니다. 평화롭고 차분하며 독립적인 생각을 가진 사람들은 때로 우리의 삶을 신선한 시각으로 바라보게 만들어요. 농담을 즐기는 성격은 사람들에게 휴식을 선물하기도 하죠.

317

좋은 친구가 되어 당신의 친구들 역시 좋은 사람이 되도록 도와주세요. 친구들을 소중하게 생각하고 그들의 자부심을 높이는 거예요. 당신이 친구들의 빛나는 재능을 좋아한다는 사실을 보여 주세요.

318

친구들과 사진을 찍어 보세요. 결과물에 지나치게 신경 쓰지는 마세요. 자연스러운 모습을 포착하는 것이 더 중요하답니다. 이는 운에 달렸죠. 완벽하지 못한 사진이더라도 실망하지 마세요. 스냅 사진은 마치 복권과 같아서 행복한 긍정과 수많은 가능성으로 이루어져 있답니다.

창의성과 놀이

319~326	**예술**
327~332	**놀이 시간**
333~338	**창작 활동**
339~346	**야외 활동**

319

음악에 몰입해 보세요. 하나의 주제가 규칙적으로 반복되는 푸가Fugue는 어때요? 한 작품을 여러 번 들음으로써 작품 속 구성 요소나 매력적인 사운드의 발자취를 따라갈 수도 있죠. 바흐는 푸가 형식의 대가이기도 합니다. 그가 작곡한 48개의 푸가와 피아노를 위한 전주곡들을 모은 '푸가의 기법The Art of Fugue'을 감상해 봐요. 아니면 이탈리아의 작곡가 주세페 베르디Giuseppe Verdi의 합창곡 작품인 레퀴엠Requiem도 좋아요.

320

 주방의 음악가가 되어 보세요. 주방은 즉흥적으로 음악을 작곡할 수 있는 장소이기도 하죠. 나무 숟가락과 거품기를 드럼 스틱 삼아도 좋아요. 주방 싱크대가 스테인리스 스틸 재질이라면 커다란 강철 드럼처럼 두드릴 수 있고, 냄비를 작은 북이라 상상할 수도 있습니다. 각기 다른 양의 물이 담긴 병을 이용해 실로폰을 만들어 쇠숟가락으로 두드리거나 강판을 포크로 긁어 보아요.

321

합창단 활동을 해 봐요. 노래를 부르는 것은 기운을 북돋는 동시에 감정을 정화하는 효과가 있답니다. 다른 사람들과 함께 노래를 부르면 그 이점은 배가 될 거예요. 합창단에 들어감으로써 협동과 경청의 기술이 향상될 수도 있어요. 라이브 공연의 짜릿함을 경험하고 클래식과 복음 성가에 이르는 다양한 합창 음악 작품들을 접해 보세요.

322

추상 미술을 감상하는 법을 배워 보세요. 정신적, 감정적, 영적의 모든 수준에서 형태와 색채, 질감에 대한 감상과 반응을 키우는 거예요. 추상적인 개념에 익숙해짐으로써 규범적인 범주에서 벗어나 창의성을 펼칠 수 있게 된답니다.

323

 발레 공연을 관람하세요. 러시아의 무용가 겸 안무가인 마리우스 프티파Marius Petipa의 작품은 어때요? 러시아의 차이콥스키가 작곡한 '백조의 호수'나 '잠자는 숲속의 미녀'는 특별한 감동과 휴식을 주는 작품이랍니다. 완전히 몰입하게 될 거예요. 여러 명의 무용수가 음악에 맞춰 춤추고 기량을 뽐내는 경이로운 장면을 상상해 보세요.

324

무대에 올라 보세요. 어린 시절의 우리는 연극을 보며 새로운 세상을 받아들였지만, 성인이 된 우리는 대부분 창의성을 잊은 채 살곤 하죠. 연극 교실이나 모임에 참여해 보는 것도 좋아요. 아이들을 위한 공연이나 거리 공연을 통해 많은 것들을 펼쳐 보세요.

325

시를 즐겨 보세요. 대표적인 정형시의 형식 중 하나인 소네트sonnet는 어떤가요? 소네트의 14행 구조는 만족감을 주는 특별한 무언가가 있답니다. 그림에도 특별히 멋진 부분이 있는 것처럼 말이에요. 단어와 운율, 형식의 아름다움을 즐겨 보세요. 셰익스피어Shakespeare의 소네트들은 시 감상을 시작하기에 좋은 출발점입니다. 만약 신비로운 것을 좋아하는 취향이라면 오스트리아의 시인 라이너 마리아 릴케Rainer Maria Rilke의 '오르페우스에게 바치는 소네트Sonnets to Orpheus'를 접해 보는 것도 좋아요.

326

책을 마음대로 펼쳐서 잠시 읽어 보세요. 산문의 멋짐과 어휘의 선택, 아이디어의 구성, 사건의 서술 방식을 감상하는 거예요. 글을 읽지 못하는 사람이 많거나 검열이 심한 나라들을 떠올리면서 책을 마음껏 읽고 즐길 수 있는 특권에 감사를 느끼세요.

327

 웃음을 위한 시간을 가져요. 웃음은 복부 중앙과 엉치뼈의 차크라chakra를 자극한답니다. 차크라는 신체의 여러 곳에 있는 정신적 힘의 중심점입니다. 차크라를 자극하면 신체가 활성화되는 효과를 얻을 수 있죠. 복부 중앙은 친밀감 또는 창의성과 연관됩니다. 엉치뼈는 태양 에너지와 연결함으로써 우리가 하는 모든 행동을 위한 추진력을 제공해요.

328

베개 싸움을 하세요. 베개를 들고 서로 장난스럽게 치면서 노는 행동은 신체 행위와 웃음을 유발함으로써 긴장감을 덜어 낼 수 있는 재미있는 놀이입니다.

329

빙글빙글 도는 놀이를 해 보세요. 원을 그리며 도는 것은 어지러운 감각을 통해 자유로움과 해방감을 만끽할 수 있는 놀이로, 어린 시절 누구나 해 봤던 것이죠. 먼저, 깨끗하고 탁 트인 공간을 찾으세요. 부드러운 야외 잔디밭이 가장 좋습니다. 양팔을 뻗어 원을 그리며 계속 돌아봐요. 계속할 수 없을 정도로 어지러운 느낌이 들면 바닥에 쿵 하고 쓰러져 울렁이는 지면이 멈출 때까지 누워 있어 보세요.

330

그네와 회전목마를 타 보세요. 어린 시절의 자유로움을 잠시나마 떠올리게 해 줄 거예요. 리듬감 넘치는 그네와 빙글빙글 돌아가는 회전목마는 정신과 정서 모두를 달래는 효과가 있습니다. 커다란 관람차나 리프트를 타는 것 역시 비슷하죠. 이처럼 높은 곳에서 부드럽게 움직이는 기구들은 현기증으로 힘들어하는 사람들에게는 적합하지 않을 수 있어요. 그게 아니라면 두 다리가 자유롭게 흔들리는 감각을 느껴 보세요.

331

요요 놀이를 해 보세요. 리드미컬하게 움직이는 요요가 당신의 날카로워진 신경들을 진정시킬 수 있습니다. 좀 더 연습을 하면 화려한 동작들을 할 수 있게 될지도 몰라요. 독특한 기술로 사람들을 놀라게 하는 일은 언제나 재미있죠. 아니면 저글링은 어때요? 기본 동작인 '던지고, 던지고, 잡고, 잡고'를 해내려면 우선 2개의 공으로 연습을 시작한 뒤 3개의 공으로 발전해 가세요.

332

매일 새로운 단어를 써 보세요. 단어의 사파리 여행을 떠나는 거예요. 익숙하지 않은 단어를 만날 때마다 나만의 단어 동물원을 위해 그 단어를 포획해요. 동물원에 있는 동물들에게도 운동이 필요하다는 사실을 기억하세요. 동물원 속 단어들을 꾸준히 사용하는 거예요. 어휘가 풍부할수록 좋아요. 한 걸음 더 나아가 당신이 서투르다고 생각하는 외국어의 사전 속 단어를 매일 하나씩 찾아보세요. 때로는 그 단어의 발음과 철자가 예상치 못한 느낌과 기쁨으로 다가올 수도 있죠. 별생각 없이 사용하던 단어가 가져다주는 신선한 시각과 즐거움을 느껴 보세요.

333

퍼즐을 맞춰 보세요. 조각 수가 많을수록 좋아요. 퍼즐을 완성하는 데 필요한 집중력을 통해 당신도 모르게 가지고 있던 모든 문제가 마음속에서 사라질 거예요. 기분에 맞는 주제의 퍼즐을 선택하는 것도 좋아요. 시골 풍경이나 광활한 바다, 그리고 하늘은 나도 모르게 마음을 진정시키는 효과가 있답니다.

334

왼손으로 무언가를 그려 보세요. 왼손잡이라면 오른손을 쓰세요. 펜을 쥔 손의 감각이 약간 느슨한 것도 자유로운 느낌을 줄 수 있어요. 뇌의 다른 부분이 기능하게 하면 놀랍도록 창의적인 결과를 얻게 될지도 몰라요.

짧은 시를 지어 보세요. 유명한 시인의 시들을 보며 영감을 얻어도 좋습니다.

주여, 때가 왔습니다. 여름은 참으로 위대했습니다.
당신의 그림자를 태양 시계 위에 얹으시고
들판에 바람을 풀어놓아 주소서.

마지막 열매들이 탐스럽게 무르익도록 명해 주시고,
그들에게 이틀만 더 남국의 나날을 베풀어 주소서.
열매들이 무르익도록 재촉해 주시고,
무거운 포도송이에 마지막 감미로움이 깃들이게 해 주소서.

지금 집 없는 사람은, 이제 집을 지을 수 없습니다.
지금 홀로 있는 사람은 오래오래 그러할 것입니다.
깨어서, 책을 읽고, 길고 긴 편지를 쓰고,
나뭇잎이 굴러갈 때면, 불안스레
가로수 길을 이리저리 소요할 것입니다.

-가을날, 라이너 마리아 릴케

336

　종이접기를 연습하세요. 정신을 맑게 하는 효과가 있답니다. 당신의 창의성이 손가락을 통해 흘러가게 하세요. 간단한 종이 모자부터 새나 동물처럼 더욱 복잡한 모양에 이르기까지 무엇이든 만들어 보세요.

337

　점토로 만들기를 해 보세요. 상상력을 사로잡는 주제를 선택하세요. 동물이 될 수도, 사람이 될 수도 있죠. 실제와 비슷하게 만들려고 애쓸 필요 없어요. 단지 손으로 차가운 점토를 주무르며 촉감이 주는 즐거움을 느껴 보세요.

338

뜨개질을 배우세요. 일단 기본적인 뜨개질을 익힌 후에 속도를 내면서 바늘이 내는 딸각 소리로 마음을 진정시켜 보세요. 색색의 털실과 여러 패턴으로 다양한 것들을 만들어 보면 어떨까요? 직접 만든 아름다운 작품을 사용하면서 또 다른 만족감을 느낄 수 있어요.

339

곰돌이 푸의 '푸 스틱 놀이'를 해 보세요. 이 놀이는 어린이를 위한 동화책 『곰돌이 푸Winnie the Pooh』에 나온 것이랍니다. 먼저, 주변에서 물에 뜰 수 있는 여러 개의 나뭇가지를 찾아요. 그리고 그것들을 물을 향해 던지는 거예요. 강을 따라 달려가며 어떤 나뭇가지가 가장 먼저 나타나는지 확인해요. 이처럼 어린이들의 놀이를 하면 일상에서 억눌린 장난기를 표출할 수 있습니다.

340

맨발로 모래 해변을 따라 걸어요. 발 아래 거친 모래의 질감을 느끼며 해변의 파도가 찰싹거리는 소리를 들어요. 마음이 진정되지 않나요? 아니면 이른 아침, 이슬이 촉촉하게 내려앉은 정원이나 공원 혹은 들판의 잔디를 맨발로 걸어 보는 것도 좋아요. 발 아래의 단단한 지면과 당신의 발목을 쓰다듬는 촉촉한 잔디에 정신을 집중해 보세요.

341

새들의 노랫소리에 귀를 기울여 보세요. 다양한 새들이 내는 소리를 구분하는 것은 자연과의 조화를 한층 느낄 수 있는 방법 중 하나이죠. 공원과 정원에서 새소리를 들어 보세요. 출근길에도 괜찮아요. 새들의 노랫소리와 지저귐을 구분할 수 있도록 녹음된 새소리를 찾아 듣거나 단순히 관찰하고 경청하는 것도 좋아요. 새 전문가의 안내서를 참고할 수도 있겠죠.

342

자연에서 시간을 보내요. 잘 다듬어진 정원처럼 인간의 섬세한 손길을 거친 자연은 놀라움을 자아냅니다. 네덜란드의 튤립 들판을 떠올려 보세요. 기회가 된다면 아름다운 장소를 직접 가 보도록 해요. 마당이 있는 친구의 집에 놀러 가는 것도 좋습니다. 주변을 둘러보면 생각보다 훌륭한 장소들이 많답니다. 그런 곳에서 여유로운 시간을 보내면 어떨까요?

343

가을철에는 뒷산에 올라 풍요로움을 감상하세요. 낙엽 지는 풍경과 더불어 작은 도토리들도 구경할 수 있죠. 그토록 작은 도토리가 커다란 나무가 된다는 것이 신기하지 않나요? 커다란 자연의 무언가가 자그마한 열매로부터 자라난다는 사실 말이에요. 삶의 기적을 일깨우는 작은 선물과도 같은 자연을 즐겨 보세요.

344

낚시를 하러 가세요. 낚시는 조용하고 명상적인 활동으로, 고요함과 침묵이 가져다주는 이로움을 느낄 수 있죠. 물고기를 잡는 행위는 그저 부차적인 것일지도 몰라요.

345

오랫동안 비가 오지 않는다면 비의 마술을 부려 보세요. 야외에서 발로 땅을 쿵쾅거리며 밟아 비를 흉내 내고, 금속판을 두드려 천둥소리를 내며, 당신의 몸을 넘실넘실 움직여 바람이 부는 나무처럼 만드는 거예요.

346

눈싸움을 하세요. 숨 가쁜 흥분감과 순수한 재미를 느낄 수 있는 눈싸움은 겨울철 쉽게 할 수 있는 놀이이기도 하죠. 아니면 썰매를 타러 가는 것은 어때요?

저녁 시간

347~351 하루의 마무리

352~356 반성과 앞날

357~365 수면

347

근육의 긴장을 푸세요. 스트레스가 심한 하루를 보냈다면 잠시 휴식을 위해 신체의 근육 전부를 이완시키는 거예요. 머리에서부터 시작해 어깨, 그리고 발가락에 이르기까지 긴장을 풀어 보세요. 그리고 깊은 호흡을 10번 들이쉬며 마무리하세요.

348

　노을을 즐겨요. 당신이 어디에 있든 황혼은 하루 중 가장 아름다운 시간입니다. 풍경의 색채가 부드럽고 희미해지며, 문명의 불빛들이 남아 있는 햇빛을 배경으로 반짝여요. 황혼 속에서 긴 시간을 보내며 빛의 변화를 즐기고 산책을 하세요.

349

　가벼운 실내복으로 갈아입고 슬리퍼를 신어요. 하루를 마무리할 즈음에는 편한 옷으로 갈아입으세요. 긴장을 푸는 데 도움을 주며 나른한 기분이 드는 즉시 침대로 뛰어 들어갈 수 있답니다.

350

별이 빛나는 밤을 즐기세요. 기온이 따뜻하고 맑은 밤에는 도시의 불빛들로부터 멀리 떨어진 야외에 담요를 깔고 누워 하늘을 바라보세요. 1분 정도 지나면 어둠에 익숙해져 별들이 보일 거예요. 광대한 우주를 바라볼 수 있는 특권이죠. 별의 순수함과 평화로움으로 내면을 가득 채우세요. 별자리 지도를 구해 탐구하는 것도 좋아요. 오리온자리와 사자자리, 황소자리 같은 별자리들의 순수한 광활함은 놀라워요. 일단 당신이 별자리를 발견할 수 있게 되면 그 자체만으로도 친밀한 기분이 든답니다. 광활한 우주에서 작은 질서를 발견할 수 있다면 현실의 불안감 정도는 극복할 수 있을 것 같은 기분이 들지 않나요?

351

　　해초 목욕을 해 보세요. 바닷가에서 본 적 있는 해초를 구하는 것도 좋아요. 부드러운 천으로 해초를 감싸 뜨거운 물이 나오는 수도꼭지에 건 다음, 수돗물이 나오면서 해초의 영양 성분들이 목욕물에 스며들게 하세요. 바다 냄새가 코에 스며들지 않나요? 해초를 우려낸 물에서 적어도 15분 이상 목욕하세요. 목욕이 끝나면 부드럽고 따뜻한 옷에 몸을 감싸고 충분한 물을 마시는 거예요. 해초 목욕은 피부를 매끄럽게 하고 보습 효과를 준답니다. 더 큰 효과를 원한다면 약 50g의 해초를 물이 든 큰 냄비에 넣고 끓인 다음, 불을 끄고 30분 동안 우려내세요. 그리고 해초를 빼낸 뒤 우려낸 물을 활용하세요.

352

가장 즐거운 경험을 기록하세요. 하루 혹은 한 주, 한 달, 일 년 심지어 지금까지의 모든 삶을 돌아볼 수도 있을 거예요. 이 경험들 가운데 어떤 것들이 당신의 즐거움에 기여했나요? 어떻게 하면 삶에 커다란 기쁨을 가져다주는 경험을 더 많이 누릴 수 있을까요?

353

가장 나빴던 경험을 기록하세요. 부정적인 경험들에 공통점이 있지는 않나요? 어떻게 하면 그런 경험들이 반복해서 일어나는 것을 막을 수 있을까요? 자신에게 물어보도록 해요.

354

'완료 목록'을 써 보세요. 끝없이 늘어나는 '해야 할 일'의 목록과는 다르게 자부심을 키울 수 있죠. 해야 할 일들의 목록은 불안감과 과도한 압박감을 일으켜요. 자신이 완성한 각각의 과제에 대해 기록함으로써 시간을 얼마나 생산적으로 사용했는지 알 수 있습니다. 동시에 스스로에 대한 자부심을 키울 수 있어요.

355

지나간 하루는 흘려 보내요. 마음의 가장 어두운 구석에 거미줄처럼 그날 하루의 좌절감이나 두려움들이 매달려 있지는 않나요? 만약 그렇다면 그것들을 모두 쓸어 내 버리세요. 오늘은 이미 과거가 되었고 다시는 바꿀 수 없죠. 당신이 할 수 있는 일은 경험들로부터 배우는 것뿐이라는 사실을 받아들이세요. 지금은 편안하게 잠을 잘 시간이며, 지나간 일은 그 자체로 귀중한 경험입니다.

356

내일을 위해 지킬 수 있는 목표 세 가지를 계획하세요. 회사 책상을 정리하는 일이나 가족과 함께 깊은 대화를 나누는 일, 받은 선물에 감사하면서 친구에게 편지를 쓰는 일 등이 될 수 있죠. 매일의 목표를 3개로 한정하는 것은 더욱 실현 가능한 목표를 세울 수 있도록 도울 거예요. 실현할 수 있는 목표를 이루며 당신의 자부심을 끌어올려 보세요. 목표들을 기록한 후에 다음 날까지 그 목표에 관해 아무런 생각도 하지 않겠다고 다짐하세요. 내일 해야 할 세 가지의 일이 정해졌다는 사실에 안심하면서 휴식을 취하도록 해요.

357

나의 수면 주기를 파악하세요. 자연스러운 수면의 주기를 파악한 뒤 되도록 그 주기에 따르세요. 당신의 몸이 잠을 얼마나 자야 하는지 알아보려면 완전히 지치기 전, 적당히 피곤할 때 잠에 들 준비를 하세요. 그리고 졸음이 올 때까지 책을 읽는 거예요. 아침에는 자연스럽게 잠에서 깨도록 해요. 3~4일을 연속적으로 해 보면 몸이 원하는 최적의 수면 시간을 알아낼 수 있을 거예요.

358

잠에 들기 전 캐모마일차를 마셔요. 캐모마일은 진정과 수면 유도 효과가 있는 허브입니다. 숙면에 도움을 줄 거예요. 너무 쓰다는 생각이 들면 꿀 한 숟가락을 넣어 달달하게 마셔요.

359

잠들 준비를 하기 전에 바깥의 공기를 마셔 봐요. 마당이나 뒤뜰이 있다면 날씨가 좋을 때 잠시 그곳에 서 있는 것도 좋아요. 소음과 냄새들, 그리고 미묘한 밤의 풍경들을 흡수하세요. 이는 자신을 낮 동안의 걱정들과 분리할 수 있는 좋은 방법입니다.

360

 취침하기 전에 침실을 정돈하세요. 이렇게 함으로써 그날의 업무와 상징적으로 선을 그을 수 있어요. 또한, 나의 환경을 통제할 수 있다는 사실을 인식할 수 있죠. 더욱 편하게 잠들 수 있을 거예요.

361

자기 전에 읽을 책은 신중하게 고르세요. 현재 일어나고 있는 일들에 관한 내용은 정신을 다시 깨울지도 몰라요. 마음을 편안하게 하는 시나 소설로 편안히 잠들도록 해요.

362

절대로 일거리를 침대로 가져가지 마세요. 침대에서 보고서를 읽는 일이 편해 보이더라도 이는 업무와 휴식의 경계를 흐리는 일입니다. 자야 할 시간에 업무의 걱정거리로부터 벗어나는 것이 더욱 힘들어질 거예요.

363

잠자기 전, 세상과 화해하세요. 마음의 평화를 깨뜨린 다른 누군가를 용서하는 간단한 기도를 해 보는 것은 어떨까요?

364

이미지를 통해 편안한 잠을 준비하세요. 취침 전 소중한 친구나 멋진 풍경, 예술 작품 등 긍정적인 것들을 명상함으로써 기분 좋은 꿈을 불러올 수도 있죠. 평온함을 불러일으키는 대상을 선택하세요. 잠들기 전이나 악몽에서 깨어난 후 같은 꿈에 빠지지 않도록 평온한 것을 명상하세요.

365

한 달에 한 번은 침대의 매트리스를 뒤집어요. 이렇게 하면 평상시 눕는 부분이 꺼지는 것을 방지하면서 등 부분을 지지하기에 충분한 강도를 유지할 수 있어요. 10년마다 새로운 매트리스에 투자하는 것도 잊지 마세요. 긴 시간이 흐르면 매트리스의 품질과 기능이 75퍼센트가량 저하된다고 해요.

매일 실천하는 마음챙김 365
스트레스에서 벗어나는 데일리 루틴

초판 발행일 2021년 8월 17일 1판 1쇄 2021년 8월 23일
펴낸곳 동글디자인 발행인 현호영
지은이 애덤 고든
옮긴이 권영교
편집 최진희 디자인 임림
주소 서울시 마포구 월드컵로 1길 14 딜라이트스퀘어 114호
팩스 070.8224.4322

ISBN 979-11-963947-9-0

365 Ways to Beat Stress
All Rights Reserved
Copyright © Watkins Media Limited 2003, 2010, 2019
Text Copyright © Watkins Media Limited 2003, 2010, 2019
First published as 1001 Ways to Relax
in the United Kingdom and Ireland in 2002.
This revised edition published in 2019
by Watkins, an imprint of Watkins Media Limited
www.watkinspublishing.com

이 책은 저작권자와의 독점계약으로 동글디자인에서 출간되었습니다.
저작권법에 의해 한국 내에서 보호를 받는 저작물이므로 무단전재와
복제를 금합니다.

동글디자인은 가치 있는 지식과 경험을 많은 사람과 공유하고자 하는
작가 여러분의 소중한 원고를 기다립니다. 투고는 아래 이메일을 이용해주세요.

✉ dongledesign@gmail.com